TEXTES LITTERAIRES

Collection dirigée par Keith Cameron

LXXXVIII

LA SOEUR

LA SOEVR
COMEDIE
DE
M^R DE ROTROV.

A PARIS,
Chez ANTHOINE SOMMAVILLE, dans la
petite Salle du Palais, à l'Escu de France. 1647.

AVEC PRIVILEGE DV ROY.

JEAN ROTROU

LA SOEUR

Edition critique
par
Barry Kite

University of Exeter Press
1994

REMERCIEMENTS

Je tiens à remercier les conservateurs de toutes les bibliothèques où j'ai mené mes recherches, en particulier ceux de la British Library, de la Bibliothèque Nationale, de la Bibliothèque de l'Arsenal et de la Bibliothèque de l'Université de Birmingham ainsi que les collègues qui m'ont aidé dans la préparation du manuscrit, Paule Chicken, Ron Hallmark et Gerry Slowey et plus particulièrement le Professor Harry Barnwell pour les précieux conseils qu'il m'a accordés pendant la préparation de cette édition.

Le frontispice a été reproduit avec l'aimable permission du Conservateur de la British Library.

La préparation du manuscrit a été facilitée par une subvention (Small Personal Research Grant) de la British Academy.

First Published in 1994 by
University of Exeter Press
Reed Hall, Streatham Drive
Exeter, EX4 4QR
UK

www.exeterpress.co.uk

Printed digitally since 2006

© Barry Kite 1994

British Library Cataloguing in Publication Data
A catalogue record for this book is available
from the British Library

ISSN 0309-6998
ISBN 0 85989 398 7

Typeset by Sabine Orchard
Printed in the UK by Antony Rowe, Eastbourne

INTRODUCTION

La pièce et son auteur

'Rotrou, le poète comique ou tragique ou tragi-comique, comme il vous plaira'[1]. C'est Tallemant des Réaux, dans ses savoureuses *Historiettes*, qui donne sur un ton désinvolte cet aperçu de la carrière dramatique de notre auteur, dont *La Soeur* est la douzième et dernière comédie.
Il est difficile de nos jours de trouver un exemplaire de cette comédie. La seule édition moderne, à savoir l'édition qu'André Tissier a fait publier dans la série des Classiques Larousse[2], qu'on eût pu se procurer est depuis longtemps épuisée et elle ne remplit pas toutes les attentes, bien qu'elle contienne un apparat pédagogique acceptable. Il existe certes une autre édition critique, publiée par Raymond G. Lepage, mais il s'agit là d'une photocopie d'une thèse de doctorat de 1972, présentant des erreurs et des insuffisances auxquelles il aurait fallu remédier[3]. La bibliographie qu'offre Lepage est pour la plupart dépassée et ne tient pas compte des nombreuses publications sur différents aspects de l'oeuvre de Rotrou parues au cours de ces dernières années. Quant aux autres éditions des oeuvres complètes de Rotrou, il n'y a que la réimpression de celle de ses *Oeuvres* préparée par Viollet-le-Duc en 1820[4] mais elle est difficilement accessible.
C'est pour toutes ces raisons que nous proposons cette nouvelle édition de la pièce, basée sur l'édition originale de 1647[5]. La pièce n'est assurément pas un chef-d'oeuvre, mais elle a tenu assez longtemps l'affiche et a suscité chez les spectateurs un vif intérêt pour la comédie italienne. Molière s'en est inspiré pour ses spectacles parisiens lors de son retour des provinces en 1658.[6] Depuis ce temps-là, *La Soeur* est restée tout à fait oubliée[7]. Quelques historiens du théâtre comme les Frères Parfaict et le duc de la Vallière y ont flairé comme un goût de la comédie italienne, aux intrigues savamment

---

[1] Tallemant des Réaux, *Historiettes* (Paris, Bibliothèque de la Pléiade, 1960-61, 2 vols) II, p. 885.
[2] Rotrou, *La Soeur*, éd. A. Tissier (Paris, 1970).
[3] Rotrou, La Soeur, éd. R.G. Lepage (Silverspring, 1985).
[4] Toutes les citations tirées des oeuvres de Rotrou sont imprimées dans la présente édition en caractères gras pour indiquer le nombre du volume qui contient la pièce.
[5] *La Soeur* a été imprimée pour la première fois en 1647 (*Privilège* le 19 février 1646, *Achevé d'imprimer* le 3 septembre 1646). Le *Privilège du Roy* donne le nom des trois imprimeurs, qui se sont associés pour partager les frais de l'impression. Chaque exemplaire ne porte que le nom d'un seul imprimeur, il n'est pas possible de dire lequel fut le premier à publier cette édition.
[6] *Le Mémoire de Mahelot, Laurent et autres décorateurs de l'Hôtel de Bourgogne et de la Comédie-Française au XVIIe siècle*, éd. H. Carrington Lancaster (Paris, 1920); *Le Registre de La Grange*, éd. B.E. et G.P. Young (Paris, Droz, 1947), p. 50.
[7] Toutefois, le *Mémoire de Mahelot* classe la pièce parmi les comédies 'qui peuvent se jouer en ce temps-ci' (*Le Mémoire de Mahelot*, p.55). Cette section du Mémoire fut rédigée selon toute probabilité quelque temps après la première de la pièce. Mais l'attrait de *La Soeur* fut vite oublié, comme l'attestent les Frères Parfait, *Histoire du théâtre françois* (Paris, Mercier et Saillant, 1746, VI, pp. 403-404).

embrouillées et compliquées à souhait. Mais elle est vite passée de mode[8]. On n'a pas l'impression qu'il s'agisse d'un chef d'oeuvre méconnu, bien que les amateurs du théâtre du dix-septième siècle repèrent ses différents mérites: une intrigue touffue, mais qui se suit sans difficulté; des personnages qui sont pour la plupart comiques; un langage viril à la verve soutenue. Elle a laissé une impression durable chez Molière, qui a non seulement fait monter la pièce en 1662 au Louvre devant la Cour mais qui s'en est souvenu au comble même de sa gloire en y puisant des idées pour la fameuse 'scène du Turc' dans *Le Bourgeois Gentilhomme*[9].

Mais il faudra ensuite attendre 1812 pour que soit joué un 'replâtrage' de la pièce de Rotrou sous le titre de *Mascarille ou La Soeur supposée* [10]. La dernière production fut jouée à l'Odéon, le 2 décembre 1897, parmi les 'sourires et applaudissements' provoqués par la présentation de Léopold Lacoeur. *La Soeur* est vraiment devenue une 'pièce de musée théâtral'. C'est sous cette forme qu'elle réapparaît dans un récent article de Richard J. Melpignano[11]. Ce n'est que dans la dernière décennie du dix-neuvième siècle que les historiens du théâtre ont découvert la source de *La Soeur*. En 1891, deux critiques ont fait indépendamment la même découverte[12], à savoir que la source de notre pièce se cachait dans l'oeuvre d'un philosophe bien connu à l'époque, le célèbre Giambattista Della Porta[13], mais Rotrou n'y fait aucune allusion tandis que la préface de sa comédie *Clarice*, publiée en 1642, contient un bel éloge de Plaute, 'cet illustre père du comique'.

La source italienne

Selon Stiefel, la première édition de *La Sorella* de J. B. della Porta est celle qui a été publiée à Naples par Lucrezio Nucci, en 1584, mais nous n'avons aucune trace de cette édition. Il faut noter que certains critiques modernes contestent cette date[14]. Ils donnent 1604 comme date de la première parution de la pièce. Toutefois subsistent aujourd'hui seulement les éditions de 1604 et de 1607, et nous ne savons pas sur laquelle est basée l'édition de *La Soeur* que Rotrou fait publier en 1647. Nous utilisons l'édition de la pièce italienne préparée par Aldo Borlenghi[15].

---

[8] Des trente-cinq pièces de Rotrou seul *Venceslas* a survécu au dix-septième siècle. Voir H. Carrington Lancaster, *La Comédie-Française* (Baltimore, 1941).
[9] *Le Bourgeois Gentilhomme*, IV, 3-4. Il n'y a pas de doute que Molière ait pris l'idée de monter une ou plusieurs 'scènes de turquerie' à son prédécesseur français, voir par example *Le Médecin malgré lui*, II, 4.
[10] Tissier, *éd cit.*, p. 13.
[11] R.J. Melpignano, '*La Soeur* de Rotrou devant la critique', *Papers on Seventeenth Century French Literature*, IX, 16/17 (1982), 271-282.
[12] A.L. Stiefel, 'Unbekannte italienische Quellen Jean Rotrou's', *Zeitschrift für französische Sprache und Literatur*, Supplementheft V, (Jena und Leipzig, 1891), 103-148; J. Vianey, 'Deux sources inconnues de Rotrou', *Archives historiques, artistiques et littéraires*, II (1891), 241-250.
[13] L.G. Clubb, *Giambattista Della Porta, Dramatist* (Princeton 1965), pp. 194-197.
[14] Clubb, *Giambattista Della Porta*, p. 318.
[15] *Commedie del Settecento*, II (Milan, 1959), pp. 375-492.

'*La Soeur* est tirée à peu près scène pour scène, et dans chaque scène souvent phrase pour phrase de *la Sorella*, de Jean-Baptiste della Porta.' (Vianey, *art. cit.*, p. 241). Vianey semble ignorer l'édition de 1604, citée par Stiefel[16]. On peut être en désaccord avec le jugement du critique français. Certes, la pièce est une imitation, mais ce n'est pas une imitation servile. Rotrou adapte son modèle au goût du public de son temps, public toujours friand de nouveautés et peu soucieux des exigences de la morale. Les spectateurs, pour la plupart, voulaient 'que l'on contente leurs yeux par la diversité et changement de la face du théâtre et que le grand nombre des accidents et aventures extraordinaires leur ôtent la connaissance du sujet'[17].

C'est le comédien de Villiers qui créa le rôle du valet, Ergaste[18]. C'était sans doute pour faire tort au succès du *Menteur* au Marais, l'autre célèbre théâtre de l'époque, que le rôle lui fut offert. Les renseignements nous manquent pour hasarder quelques noms quant aux autres rôles. Sans doute *La Soeur* eut-elle du succès[19].

Quel était l'attrait de la pièce italienne pour Rotrou? Pourquoi choisit-il un endroit écarté de l'Europe pour y situer son intrigue? Il a seulement francisé le nom italien. La Pologne dont il est question dans le long récit de Lélie (I, 4) ainsi que dans les souvenirs d'Anselme (IV, 4) était fort à la mode en France à l'époque à cause du mariage qui se fit 'par procuration' entre Marie-Louise de Gonzague, fille du duc de Nevers, et le roi Ladislas VII de Pologne[20].

L'attrait de la pièce était que l'auteur italien offrait à Rotrou plusieurs thèmes comiques qu'il avait cependant déjà exploités au cours des quinze années de sa carrière de dramaturge.

Tout d'abord il avait eu un grand succès avec sa *Bague de l'oubli*, pièce dont le modèle est *La Sortija del olviedo* de Lope de Vega. En choisissant cet ouvrage dramatique espagnol, Rotrou fait figure d'initiateur: personne n'avait jusque là puisé dans le théâtre espagnol, lequel devint bientôt source de nombreuses comédies et tragi-comédies françaises[21]. Cette adaptation d'une pièce étrangère préfigure les adaptations qu'il fera au cours des années trente[22]. Rotrou a de l'égard pour les spectateurs français, plus exigeants

---

16 Stiefel, *'Unbekannte italienische Quellen Jean de Rotrous'*, p. 103, note 4. Pourtant, *La Soeur* a été sans doute basée sur l'édition de 1607 de *La Sorella*.
17 Préface d'*Aminte*, de Raysiguier (1632). C'était une tragi-comédie pastorale.
18 'Chronologie des troupes ayant joué à l'Hotel de Bourgogne de 1598 à 1690', G. Mongrédien, *Revue d'Histoire du Théâtre*, 3, 160-174.
19 'The only comedy to stay on the boards after the author's death.' H.C. Knutson, *The Ironic Game: a Study of Rotrou's Comic Theatre* (University of California Press, Berkeley and Los Angeles, 1966, p. 14).
20 Voir la note du vers 1259.
21 R. Guichemerre, *La Comédie avant Molière* (Paris, Armand Colin, 1972) donne un excellent résumé de la situation de la comédie en 1639, pp. 9-26.
22 H. Carrington Lancaster, *A History of French Dramatic Literature in the XVIIth century*, 9 vols (Baltimore, Johns Hopkins Press, 1929-1942), Parts I, II.

peut être que ceux auxquels Lope destinait sa pièce. Il respecte l'économie de la pièce tout en lui donnant une construction plus serrée; il omet les redites de Lope, de même que les scènes superflues; il change le nom des caractères et leur accorde un rang social plus élevé que ceux de Lope; il transpose aussi le lieu de la scène; il donne plus d'importance au valet Fabrice (c'est lui qui découvre que la bague du roi possède des qualités magiques) et il lui réserve tout le comique de la pièce[23]. Tout en suivant d'assez près les grandes lignes de son modèle[24], il développe des thèmes qui réapparaîtront dans *La Soeur*: le jeu de la réalité et de l'illusion, le doute, l'importance de la feinte et de l'apparence.

Rotrou poète comique

Somme toute le franc rire est largement absent de son oeuvre comique. Néanmoins 'à lui seul il a écrit plus d'un tiers des comédies jouées entre 1630 et 1640'[25]. Il se plaît à composer des comédies d'intrigue, plus soucieux d'étonner les spectateurs par des tours de force, qu'ils soient tirés de sources étrangères - espagnoles, italiennes, latines ou de sources romanesques - que de les faire rire des ridicules des hommes ou des écarts de conduite de ses contemporains. Il a surtout le talent de nouer et de dénouer une intrigue - voir par exemple *Le Filandre* [1637][26] - et de bien conduire une action dramatique.

Tantôt il donne la clef de l'intrigue aux spectateurs bien avant le dénouement, tantôt les différentes péripéties de l'action causent autant de surprises aux spectateurs qu'aux personnages en scène. Partout il se montre maître d'une intrigue embrouillée qu'il résout par divers moyens - par le retour imprévu d'un personnage qu'on a cru mort ou ravi par les Turcs, par des identités révélées, par des reconnaissances 'en cascade', par les revirements inattendus et peu vraisemblables d'un personnage.[27]

'Je suis marri qu'un garçon d'un si beau naturel ait pris une servitude si honteuse' écrit Chapelain en 1632[28]. La consternation de Chapelain devant la décision de Rotrou de se faire pourvoyeur de pièces de théâtre pour la troupe royale en dit long sur le statut de la profession d'acteur et d'auteur à cette époque. Il accède très vite à la popularité. Il est le protégé de nombreux amateurs du théâtre, y compris le comte de Soissons et le comte de Belin[29].

---

[23] Signalons la belle édition de *La Bague de l'oubli* qui a paru dans le *Théâtre du XVIIe siècle*, éd. J. Scherer (Paris, Bibliothèque de la Pléiade 1 (23) 975), t.1, pp. 731-791; pp. 1300-1307 (notes).
[24] Rotrou se montre assez modeste à l'égard de sa pièce. 'C'est une pure traduction de l'auteur espagnol de Vega'. *La Bague de l'oubli*, Au Lecteur, éd. cit., p. 792.
[25] Note de Scherer dans le *Théâtre du XVIIe siècle*, p. 1301.
[26] R. Guichemerre, *La Comédie avant Molière*, p. 15, note 25.
[27] R. Guichemerre, *La Comédie avant Molière*, p. 55.
[28] H. Chardon, *La Vie de Rotrou mieux connue* (Paris, 1884; rpt. Genève, 1970), p. 39. Il nous semble peu probable qu'il s'agisse d'autre chose que d'une décision de s'associer à une troupe de comédiens.
[29] *Ibidem*, Chapitres 1-4.

Introduction

Il fait partie des 'cinq auteurs' auxquels le cardinal de Richelieu confie la réalisation de ses projets théâtraux[30]. Ces essais de mécénat du cardinal de Richelieu ont eu un médiocre succès[31]. Cependant, le théâtre public fait d'énormes progrès durant les années trente. Pour Jean Rotrou comme pour d'autres dramaturges de l'époque, le talent se montre en écrivant des pièces hétéroclites comme *La Bague de l'oubli* ou *La Belle Alphrède*,[31]. Ces pièces ont un dénouement heureux mais pendant de longs moments la direction de l'intrigue reste obscure tandis que les protagonistes se livrent à différentes aventures[32]. L'intrigue de bon nombre de ses pièces laisse supposer l'influence d'une bienveillante déité, passant, par exemple, malgré les décors et les lieux variés, de la côte de l'Afrique du nord à un bois des environs de Londres[33]. C'est que les efforts de Rotrou et des auteurs comiques de l'époque ont pour but de créer la surprise 'grâce à l'intensité des effets, au mépris de la composition et de l'unité'[34]. Il semble que les écrivains et le public aient quelque peine à concevoir un comique détaché des traditions de la comédie latine et de la farce.

Quelles sont les caractéristiques de l'oeuvre comique de Rotrou? D'abord, il y a l'intrigue obscure, qui fait que ces pièces s'apparentent à la tragi-comédie et à la pastorale. Ensuite les personnages sont romanesques, qu'ils soient des amants de convention ou bien des jeunes filles qui risquent tout pour suivre celui qu'elles aiment, portant souvent un costume masculin. Aussi est-ce sans doute une gamme assez restreinte de types sociaux familiers que nous présente l'auteur[35]. Le comique y est léger. Il ne se trouve le plus souvent que dans les propos des valets, dont le bon sens réaliste fait contraste avec l'impétuosité de leur maître[36]. Rotrou a constamment, depuis 1635, tenté de reproduire quelques types comiques qui relèvent d'une note plaisante un ensemble dominé par le pathétique[37].

On voit que Rotrou ne suit pas Pierre Corneille. Là où Corneille situe ses comédies dans le monde contemporain, Rotrou pour sa part introduit le spectateur dans un monde qui reste foncièrement le monde du trompe-l'oeil, de la réalité déguisée, de la feinte. Il nous semble peu nécessaire de refaire l'histoire de l'oeuvre de Rotrou et de la production théâtrale entre 1630 et

---

30 L'histoire des "cinq auteurs" a été faite par G. Couton, *Richelieu et le monde de l'esprit* (Lyon, 1986), pp. 193-196.
31 H.C. Lancaster, *A History*, Part I, vol 2.
32 Dans *La Belle Alphrède*, les aventures se succèdent avec une rapidité peu croyable. Pourtant Rotrou, ou son imprimeur, la nomme 'comédie' (*Théâtre, op. cit.* pp. 793-4). La désignation des pièces de théâtre est à l'époque très indécise.
33 L'unité de lieu dans les pièces est fluide jusqu'en 1640 environ, car elle n'est pas universellement observée par les dramaturges de l'époque.
34 R. Garapon, 'Le théâtre comique', *XVIIe siècle*, 20 (1953, 259-265), p.260.
35 J. Morel, *Jean Rotrou, dramaturge de l'ambiguïté* (Paris, Armand Colin, 1968), p. 145, n. 19. Morel parle de la 'quasi-absence de types sociaux familiers dans le théâtre de Rotrou.'
36 Voir v. 1818, n.
37 J. Morel, *Jean Rotrou, dramaturge*, p. 145, n. 19.

1650, après les magistrales études que leur ont consacrées J. Morel et R. Guichemerre[38]. La comédie avant Molière semble avoir été, selon ce dernier critique, essentiellement 'une comédie de la fantaisie et du jeu'[39]. Nous voulons seulement insister sur le fait que *La Soeur* se présente comme le meilleur exemple de la comédie d'intrigue que notre auteur ait pratiquée depuis son entrée en scène avec *L'Hypocondriaque* (1631) et *La Bague de l'oubli*(1635). C'est surtout une comédie à l'italienne qui rejoint en fait la tradition de la 'Comedia erudita'[40]. Mais en même temps elle remonte à la comédie antique de Plaute[41].

Cette comparaison élogieuse nous paraît sincère. Rotrou ne fait presque jamais de pièces originales. Il a déjà trouvé dans le théâtre de Plaute la matière pour des adaptations des *Ménechmes*, des *Sosies* et des *Captifs*. En dédiant sa *Clarice*(1641) au lecteur, il reconnaît franchement ce qu'il doit à sa source, qui est une comédie italienne, *L'Erofilomachia*, de Sforza d'Oddi. 'Je n'en suis que le traducteur', dit-il modestement[42]. Plus loin dans la dédicace, notre poète nous invite à remonter jusqu'au poète latin pour trouver l'inspiration des pièces comiques qu'il écrit. Mais ce n'est pas là la première fois que l'oeuvre de Rotrou est innovatrice. Il est le seul à se tourner vers les sources antiques, car on ne trouve pas d'adaptation de Plaute en France avant Rotrou [43]. Ce qui attire son attention, ce sont les pièces en langue étrangère où dominent le jeu, le renversement des conventions sociales, l'illusion. Bien que notre auteur respecte plus ou moins les exigences des règles qui allaient s'imposer sur la scène parisienne, Rotrou est un auteur baroque. On cherchera en vain dans Rotrou une peinture de moeurs qui ait trait à la société contemporaine. Fausser les rapports entre les personnages, changer leurs conditions matérielles ou bien leur sexe au moyen de déguisements, introduire partout la ruse et la feinte, voilà les principaux ressorts dont use Rotrou.

Un de ces éléments les plus fantaisistes se manifeste par le fait que les pièces aboutissent à une fin heureuse, qui est pour ainsi dire un retour à la stabilité de la vie normale. Ce retour peut être qualifié de miracle providentiel et le mot de J. Morel s'applique en particulier au monde théâtral comique de notre auteur: 'Rotrou introduit partout des malentendus plus ou moins graves et plus ou moins durables, mais qui, jusqu'au dénouement, interdisent une claire définition des rapports entre les personnages'[44]. Notre

---

[38] J. Morel. *Jean Rotrou, dramaturge*; R. Guichemerre, *La Comédie avant Molière*. Il faut aussi signaler l'ouvrage de H.C. Knutson, *The Ironic Game: A Study of Rotrou's Comic Theater*.
[39] R. Guichemerre, *La Comédie avant Molière*, p. 393.
[40] R. LePage, 'Jean Rotrou and the tradition of the "Commedia erudita"', *Kentucky Romance Quarterly*, XII, 3 (1975), pp. 313-320.
[41] *Clarice*, Au Lecteur, IV, p. 343.
[42] Rotrou ne dédie qu'un petit nombre de ses pièces. Les dédicaces, véritables *épîtres à la Montoron*, sont exclues de l'édition de Viollet-le-Duc. Seule celle de *Clarice* y est admise, pour son 'intérêt littéraire'.
[43] M. Delcourt, *La tradition des comiques anciens en France* (Droz, Liège et Paris, 1934, p. 6.)
[44] J. Morel, *Jean Rotrou, dramaturge*, p. 150.

auteur a sans doute foi en les desseins de la Providence qui percent à travers les aventures invraisemblables de l'intrigue[45].

Dans *La Soeur*, comme dans plusieurs des comédies de Rotrou, on trouve le thème de la feinte qui mène à une vérité, thème baroque s'il y en a. Les feintes et les déguisements se retrouvent partout mais il n'en est aucun qui soit entrepris dans un esprit de méchanceté. La morale est toujours sauve, malgré les situations osées. La comédie de Rotrou frôle parfois le crime et l'inédit, mais toujours le dénouement annonce le retour à la normalité. C'est comme si l'auteur possédait une bonne part de cette 'sagesse modérée' dont parle Morel[46].

La Soeur et *La Sorella*

En adaptant les matériaux que lui fournit la pièce italienne, Rotrou laisse l'empreinte du dramaturge professionnel. Il cherche partout des situations comiques et des confrontations dramatiques (il faut remarquer que l'auteur italien n'était auteur dramatique qu'à ses heures de loisir). Il ajoute à la vraisemblance en liant mieux les scènes et en leur donnant une suite logique (par exemple la confrontation Lélie/Eraste en I,4); il transpose sa source et en omet certains faits (il omet les figures épisodiques du parasite Gulone et du capitaine fanfaron Trasimaco, et y substitue le vieillard Polydore (personnage qui n'apparaît pas sur scène), rival ridicule d'Eraste (II, 2); il invente quelques scènes originales (II, 3, IV, 7, V, 5-7); il prépare mieux les entrées et les sorties (IV, 1-2, l'arrivée de Constance 'vestue à la Turque' (indication scénique qui manque chez Della Porta)); enfin il propose une motivation plus acceptable (II, 2, voir comment l'indignation d'Anselme contre son fils est tournée contre Polydore) IV, 5 Les techniques de la scène y sont mieux exploitées (voir la fin du second acte, où après avoir entendu Eraste proposer de renoncer à son amour pour Eroxène, Lydie reste seule pour monologuer contre les amants du temps:

> Qui mourants, languissants, et si pres de leur fin
> Ressuscitent le soir de la mort du matin. (729-730))

La seconde intrigue amoureuse a plus d'importance (Rotrou introduit Eroxène à l'acte II, 3 au lieu de l'acte IV chez l'Italien), et il donne à l'une et à l'autre un rôle plus développé et plus lié à l'intrigue principale. Le poète français donne aux vers plus de souplesse et il évite les éléments grossiers de la pièce italienne. Somme toute, elle mérite le jugement de V. Fournel: *La Soeur* reste 'la plus gaie, la plus vive des comédies de Rotrou'[47].

---

45 Voir les vers d'Anselme, 1801-1803.
46 J. Morel, *Jean Rotrou, dramaturge*, p. 116
47 V. Fournel, *Le théâtre au XVIIe siècle* (Paris, 1892; réimpression, Slatkine, Genève, 1968), p. 17.

La conduite de l'action

Considérons quelques exemples de l'adresse dont fait preuve Rotrou en adaptant *La Soeur* aux exigences des spectateurs parisiens. Dans l'introduction à la scène d'exposition (I, 4), les deux pièces commencent de la même manière: deux jeunes amants se voient trahis par leur meilleur ami. Mais chez l'Italien, la rencontre d'Erotico avec Attilio est radoucie, et ses sentiments de colère réprimés. Sa trahison apparente ne lui attire que des reproches tempérés et Erotico fait mention de 'quella cara amicizia'. Par contraste, Eraste ne cache pas sa colère devant la trahison de son ami. Son entrée en scène (I, 3) montre son aggressivité, et sa fureur est prête à éclater lorsqu'il entend Lydie parler du prochain mariage d'Eroxène à Lélie et des conséquences désastreuses que représente l'interdiction de sortir donnée par Orgye, son oncle (vv. 103-104). Le jeune homme se sent accablé par tous ces coups qui menacent son bonheur fragile:

Que le Ciel sur mon chef éclatte desormais! (104)

Un quatrième accident (qui n'est pas dans le texte de Della Porta) ajoute au péril d'avoir déplu à celle qu'il aime. Son offre de suicide n'est pas prise au sérieux par Lydie[48].

L'ironie marque aussi la confrontation de Géronte avec la soi-disante fille d'Anselme qui a apporté la nouvelle que la femme de celui-ci est toujours en vie: chez l'Italien, la jeune fille ne fait que nier l'allégation, tandis qu'Aurélie y répond par des propos ironiques (889-890) qui lui donnent l'occasion de la réfuter sans recourir au mensonge.

Quant à la fin des deux pièces, chez l'Italien (V, 5), Attilio est en proie au désespoir après avoir appris que celle qu'il a épousée est sa propre soeur: il est résolu à fuir son pays et Erotico est prêt à partager son exil. La pièce se termine par la scène suivante. Trinca apporte la bonne nouvelle du secret révélé: Attilio est libre de rester le mari de Cleria et Orgio a donné son consentement au mariage d'Erotico avec Sulpizia. Le valet a le dernier mot:

Questa volta abbiamo avuto più ventura che senno. (V, 6)

Nous poussons un soupir de soulagement.

Rotrou au contraire rassemble peu à peu tous ses personnages sur scène afin de préparer une fin plus harmonieuse où l'emporte l'esprit de joie et de bonheur. Même l'oncle Orgye est contraint de pardonner à sa servante la révélation du secret important de la substitution de l'enfant et de l'héritage d'Eroxène.

---

[48] L'offre de se suicider est fréquente dans la comédie du dix-septième siècle. C'est un clin d'oeil au spectateur pour qu'il ne se laisse pas dérouter par l'action des personnages.

V, 5 - Les spectateurs se réjouissent avec les femmes du fait que l'inceste a été évité. Il s'agit de Constance, d'Aurélie et de Lydie et c'est cette dernière qui a informé les deux autres pendant l'intervalle.

V, 6 - L'entrée d'Anselme, d'Orgye et d'Eroxène - la vraie Aurélie (Eroxène) se précipite dans les bras de sa mère - la vraie Eroxène (Aurélie) salue son oncle retrouvé. Pendant qu'Anselme nous assure du pardon de Lydie, celle-ci renseigne sa maîtresse sur le malentendu touchant Eraste (voir II, 6) (Rotrou évite les redites aux spectateurs). Constance informe Orgye du mariage secret de sa fille - le vieillard ne peut plus qu'y consentir.

V, 7 - Rotrou emploie l'ironie comique - une série de quiproquos dans laquelle les personnages prennent plaisir à taquiner les jeunes hommes avant de révéler que les obstacles aux deux mariages sont levés[49].

Puis, la pièce de Rotrou s'achève par le court échange entre les deux domestiques, Ergaste et Lydie, laissés seuls en scène. La stichomythie comique qui termine la pièce (1813-1818) met l'accent sur le ton burlesque. Le langage poli de la courtoisie est parodié ('voeux', 'offrois mes voeux', 'offrirois ma foy', 'favorable Hymen').

II, 3 - une nouvelle scène où Eroxène est présentée (dans l'italien, Sulpizia ne fait sa première entrée en scène qu'à l'acte 4, scène 8), ce qui éveille l'intérêt des spectateurs pour la seconde intrigue amoureuse.

Entre autres modifications que Rotrou a apportées à la pièce d'origine, on peut noter les suivantes: IV, 1 - chez Della Porta, on assiste au monologue de Constanza, libérée de sa prison en Turquie. Chez Rotrou, elle révèle elle-même son identité à son fils et à son valet dans un coup de théâtre comique. Notons l'usage de la couleur locale: Constance est 'vestue à la Turque'. Cette indication scénique manque chez Delle Porta, comme nous l'avons déjà signalé, ce qui prolonge la gaieté des scènes 'turques' de l'acte précédent. Le valet redoute encore 'des traits de la Turquie' (1136).

Les personnages

On notera tout d'abord la différence offerte par les valets. Trinca n'est qu'un auxiliaire auquel l'imbroglio amoureux donne beaucoup de soucis. Il a consenti à aider son maître par devoir mais à contre-coeur. Ce n'est qu'après avoir scrupuleusement soupesé le bien et le mal qu'il consent à chercher le remède. Ergaste ne cherche pas à faire de remontrances, bien qu'il reproche au jeune homme la passion aveugle:

La boüillante chaleur d'une amour illicite (42)

qui l'a mis dans une fâcheuse situation. La plainte du valet contre les 'fous d'amoureux'(32) met en relief le contraste entre l'esprit vif d'Ergaste et la

---
49 J. Morel, *Jean Rotrou, dramaturge*, p. 205, p. 216.

faiblesse sans ressource du jeune maître. Ergaste devient de plus en plus le 'metteur-en-scène' (I, 4), montrant plus de dynamisme que son prototype italien.

La vieille 'balia' devient une servante rajeunie (elle n'a servi que 14 ans au lieu de 30 dans la pièce italienne). Elle a les caractéristiques de la 'soubrette' de la dernière partie du siècle (voir ses remarques à son maître)[50]. Elle a du bon sens et ses conseils sont pleins d'humour. Une fois de plus, le contraste entre la pondération des classes inférieures et l'exaltation et la verbosité de leurs supérieurs est frappant.

Les héros des deux pièces ont également des caractéristiques différentes. Attilio est égoïste (tout comme Lélie, d'ailleurs), mais il reconnaît sa faute et il se repent (Lélie ne se repent jamais). Aussi est-il follement amoureux et très prolixe en protestations d'amour et en plaintes désespérées (I, IV). Erotico est une espèce de néo-platonicien: il porte en son coeur l'image de Sulpizia. Il est idéaliste en amitié comme en amour (V, 5). Tous ces traits manquent chez Eraste. Eraste, quant à lui, est prêt à faire des jeux de mots intempestifs:

> Non sans dot seulement, mais sans habits encor,
> Et la croit toute nuë un si riche trésor... (583-584)

C'est un personnage plus impulsif qu'Erotico. Il a un sens de l'honneur très fort et est prêt à se battre avec son ami lorsqu'il le soupconne de trahison. Aurélie est plus jeune que Cleria (la captivité de sa mère n'a duré que 15 ans au lieu de 20 chez Della Porta). L'héroïne française montre plus de retenue que le personnage italien, pour des raisons de bienséance, et aussi pour offrir un portrait de jeune femme dévouée et fidèle, prête à suivre partout son mari:

> Je vous suivray sans peine au bord des precipices,
> Tous travaux avec vous me seront des delices. (413-414)

Il y a aussi les deux héroïnes de la seconde intrigue amoureuse. La jeune fille italienne est plus bavarde et son attachement pour Erotico est des plus romantiques. Sulpizia a le tempérament fougueux d'une Napolitaine; elle se sert d'un langage excessif, malséant pour une jeune fille: elle se montre en plus jalouse et possessive. Par contre, Eroxène incarne la jeune fille tendre et timide. Dans II, 3 (scène qui n'a pas son équivalent chez Della Porta) elle aimerait qu'Eraste lui dise qu'il ne l'abandonnera pas, mais elle ne veut pas se montrer trop empressée et ainsi se compromettre:

---

[50] Comparez avec le personnage de Nicole, dans *Le Bourgeois Gentilhomme*.

Va, rends moy l'esperance, ou fay que j'y renonce;
Ne dy rien, si tu veux; mais j'attends sa réponce. (625-626)

Quant aux vieillards, les hommes n'ont qu'un souci - l'argent (qu'il s'agisse des pères ou des oncles). Anselme est prêt à sacrifier le bonheur de sa fille pour les richesses de Polydore (nom inventé par Rotrou) et, tout comme Pardo, il accepte comme gendre celui qui promet de prendre sa fille 'sans dot' (II, 2)[51]. Néanmoins, il accepte Eroxène comme belle-fille en raison de l'affection mystérieuse qu'il ressent pour elle. Les deux oncles se valent: chacun commet un double crime et cache l'identité de la jeune fille qui habite chez lui parce qu'il a besoin d'y retenir sa nièce afin de jouir de la fortune de son frère (1697) - et chacun consent à un inceste qui lui permettra de garder une importante somme d'argent. Anselme est surtout railleur et sentencieux (voir l'accueil de son 'vieil ami' revenu de Turquie (III, 2): le 'sermon' qu'il fait à Orgye (V, 4); et les remarques avec lesquelles il condamne son fils (1775-1778)). Ce sont tous des traits absents chez Pardo.

Les deux mères sont toutes les deux compatissantes et volontiers complices pour faciliter le bonheur de leurs enfants dont elles sont prêtes à pardonner la conduite.

On est contraint d'avouer avec Tissier que les personnages de *La Soeur* ne sont que 'des marionnettes comiques qu'on veut humaines, mais des marionnettes tout de même'[52].

Les thèmes de *La Soeur*

Ce n'est pas la première fois que Rotrou exploite les pouvoirs du théâtre pour créer l'illusion à la fois chez les personnages et chez les spectateurs. Les uns et les autres se font illusion sur ce qu'ils voient et sur ce qu'ils entendent consciemment ou de leur plein gré (Anselme est prêt à croire ce qu'il veut: il se crée une vérité éphémère à force d'illusion, tout en se laissant duper par Ergaste (II, 2)). Ergaste se forge un autre personnage de pure fantaisie: celui du valet qui entend le turc et qui introduit la tromperie d'Anselme à l'acte III[53].

On notera dans le texte le grand nombre de références au jeu et à la comédie. Certaines sont prises chez Della Porta, il est vrai, mais Rotrou, semble-t-il, prend plaisir à les multiplier. A l'acte I, au récit de l'aventure de Lélie et de Sophie, Eraste s'écrie, émerveillé:

---

[51] Peut-être que c'est là que Molière a pris le célèbre 'sans dot' d'Harpagon. Mais pour Molière il s'agit peut-être d'un souvenir de l'*Aululaire* de Plaute. Voir Molière, *Oeuvres complètes* (Paris, Gallimard, 1971), II, p. 529, n. 3.
[52] *La Soeur*, éd. A.Tissier (Paris, Larousse, 1970), p. 32, mais ce n'est qu'une vérité de courte durée.
[53] Edward Baron Turk, 'Verbal game-play in Rotrou's *La Soeur*', *Papers on French Seventeenth Century Literature*, 15/2, (1981).

Dieu! jamais Comedie, en sa narration,
N'excita tant de joye, et tant d'attention...(323-324)

et Ergaste propose un remède tout aussi théâtral aux difficultés:

Un amy *travesty*, vos parens assemblez,
Vous peut-il pas unir de ces noeuds *simulez?* (355-356)

Lélie, pour sa part, est conscient que lui et ses complices, se prêtent à une dissimulation. Pour la faire réussir, il encourage ainsi son valet:

Toy, commence ton roole; (430)

Pour Lydie, la tromperie que pratique Eraste à l'égard d'Eroxène est une preuve de l'infidélité des hommes et de l'instabilité des rapports humains:

O Noire perfidie! ô siecle! ô monde immonde!...
Vil Théâtre des jeux et du sort et du temps, (711,713)[54].

A l'acte III, Ergaste semble être toujours conscient du fait qu'il joue un rôle (Adieu mon personnage. [...] Si vous ne me soufflez...(977, 978). Il passe en revue (IV, 1) toutes les inventions de l'acte précédent, les attribuant à un génie, tout comme le souffleur au théâtre, qui lui dictait 'un jargon que j'ignore moy méme' (1116). Et, lors de la rencontre de Constance avec celle qu'elle fait semblant de prendre pour sa 'chere fille' (1296), il la félicite de son adresse à feindre:

Et voyant vos transports, moy-mesme j'ay douté
Si vostre feinte estoit ou feinte ou verité. (1321-1322)

Il la compare à un acteur qui rend un ouvrage feint 'douteux à son Autheur' (l'auteur en vient à croire que cette action qu'il a imaginée est véritable).

L'emploi d'une telle métaphore souvent répétée ne peut être fortuit. On remarque, il est vrai, des termes théâtraux qui se trouvent çà et là dans *La Sorella*. Il s'agit parfois d'une simple traduction. Mais ne serait-ce pas aussi que Rotrou tient à souligner que ce n'est qu'un jeu auquel nous assistons au lieu de mettre en doute la nature de la vie et des choses et la stabilité de notre perception du vrai[55]? Bien loin de partager cette vision d'un monde

---

[54] Le jeu de mots est dans *La Sorella*, mais non pas tout le reste de la tirade contre les hommes. Lydie se sent bafouée par sa jeune maîtresse.
[55] N'oublions pas que dans la pièce qui suit *La Soeur*, le héros-acteur, Genest, trouve la vérité grâce au jeu. Il joue le role du martyr Adrien, et devient lui-même chrétien. Voir *Le Véritable Saint Genest*, éd. E.T. Dubois (Genève, Droz, 1972), p. 11. L'une des sources s'appelle *La fingido verdadero* - 'la feinte devenue vérité' - de Lope de Vega.

chaotique (II, 7), il se plaît à peindre des personnages dont les vues se bornent à la fortune temporairement déclinante de leur maîtresse. Egalement, Eraste a une vision du monde 'Où tout soucy, tout trouble, et tout malheur abonde'(178) mais on n'est pas tenté d'y lire les préoccupations de l'auteur.

On trouve aussi maintes références au hasard et à la fortune. Selon certains personnages c'est surtout la fatalité qui dirige l'action. Par exemple, Lélie met sur le compte de son 'mauvais sort' à elle l'esclavage de Sophie (299) et Aurélie accuse la furie (divinité infernale) de la perte de sa liberté (389 ss.). Ergaste les somme de combattre la fortune (415), et les obstacles auxquels il lui faut faire face au cours des actes III et IV sont la preuve qu'il existe un esprit malin incarné par le personnage du Grand Turc, 'né pour nous tourmenter'. (1125)

Parfois, la situation tourne au tragique. Au milieu de l'acte IV (scène 6), Lélie apprend que celle qu'il aime comme sa femme est, selon les dires de sa mère, sa propre soeur et il s'exprime en termes très pathétiques. Il maudit le 'déplorable effet de [s]a triste fortune' (1348) qui le rend coupable d'inceste. Antithèses et paradoxes se suivent sans discontinuer jusqu'à la fin de cette scène pour refléter le désarroi du jeune homme. Le valet conseille toujours l'espoir, mais au fond du coeur il s'avoue vaincu.

La scène du dénouement, qui n'a pas de modèle chez Della Porta, reprend les deux thèmes - théâtralité et illusion/vérité. La mise en scène est assurée par Constance 'pour les mieux surprendre et charmer leur soucy'(1769). Les deux jeunes amoureux, Lélie et Eraste, voient leur fidélité mise à l'épreuve (l'un et l'autre ignorent l'identité véritable de celle qu'il aime) et ils sont sommés de renoncer à leur amour dans une scène de la plus pure fantaisie(V, 7). Tous les deux résistent aux offres de changement, et tous les deux sont finalement récompensés de leur fidélité. La confusion des noms n'obscurcit pas le fait que chacun des deux jeunes gens est tombé amoureux de la personne qui lui était destinée, et que tout le tohu-bohu qui leur a infligé tant de souffrances (qu'ils ont d'ailleurs bien méritées, étant donné tous leurs mensonges) n'a pas altéré leur constance. L'illusion a fait place à la vérité.

Ne distingue-t-on pas là les principaux thèmes baroques: la feinte devenue vérité; l'illusion qui cède la place à la réalité; un monde chaotique mais où les voies de la Providence finissent par dissiper les ténèbres? Anselme rend grâces au ciel que

...Cette verité
Semble un jeu pour nostre heur dans le Ciel concerté.
Ainsi sa Providence aux siens est salutaire. (1801-1803)

Peut-on mieux résumer la leçon de la pièce? C'est avec un sourire de complicité que Rotrou nous présente la solution en nous faisant un clin d'oeil.

C'est aussi le procédé d'un homme mûr et qui se fie à ses propres talents d'auteur dramatique.

NOTE SUR LE TEXTE

Nous nous sommes borné à reproduire quelques variantes tirées des éditions modernes. Nous avons adopté la distinction moderne entre *i* et *j*, *u* et *v*, *a* et *à*, *ou* et *où*. Nous avons souvent allégé la ponctuation de l'édition princeps; celle-ci se caractérise par une surabondance de virgules qui nuisent à l'intelligence du texte. Nous suivons en général la ponctuation proposée par Tissier, laquelle facilitera la compréhension du texte pour le lecteur moderne. Nous suivons pourtant de temps en temps la ponctuation de l'édition originale si elle ajoute à l'intelligence du texte. Dans de tels cas, la ponctuation nous semble remplir une fonction rhétorique, sinon grammaticale (vv. 81-83).

BIBLIOGRAPHIE

A. L'EDITION ORIGINALE

LA/SOEUR/COMEDIE,/DE M^R DE ROTROV./A PARIS,/Chez ANTHOINE SOMMAVILLE,dans la/petite Salle du Palais, à l'Escu de France. 1647. (British Library: 85 i 11(1)).

Il en existe trois exemplaires à la B.N. et un à l'Arsenal:

LA/SOEUR/COMEDIE,/DE M^R DE ROTROV./A PARIS,/Chez ANTHOINE SOMMAVILLE,dans la/petite Salle du Palais, à l'Escu de France. 1647. (Bibliothèque Nationale: Rés. Yf. 38).

LA/SOEVR/COMEDIE. /DE//M^R.DE ROTROV./A PARIS./Chez TOUSSAINCT QUINET, au Palais/sous la montée de la Cour des Aydes. 1647./AVEC PRIVILEGE DU ROY. Manquent le Privilège et l'Achevé. (Arsenal: Rf. 7036; Bibliothèque Nationale: Rés. Yf. 288).

LA/SOEVR/COMEDIE,/DE M^R DE ROTROV./A PARIS,/Chez AVGVSTIN COVRBE, dans la/petite Salle du Palais, à la Palme. 1647./ AVEC PRIVILEGE DV ROY. (B.N.: Rés. Yf. 688).

[Les éditions imprimées par Courbé, Quinet et Sommaville sont identiques, à part les pages de titre.]

B. EDITIONS MODERNES

1820   *La Soeur*, in *Oeuvres* de Jean Rotrou, éd. Viollet-le-Duc (Paris).

1872   *La Soeur*, in *Comédies du XVIe et du XVIIe siècle*, éd. Edouard Fournier (Paris).

1883   *La Soeur*, in Jean Rotrou, *Théâtre choisi*, éd. Félix Hémon (Paris, s.d.).

1888   *La Soeur*, in *Comédies du 17e siècle*, éd. Tancred Martel (Paris).

1970   *La Soeur*, éd. André Tissier (Paris).

1985   *La Soeur*, éd. Raymond G. Lepage (Silverspring).

C. OUVRAGES CONSULTES

Académie Française, *Dictionnaire de l'Académie Françoise*, 4 vols (Paris, 1694).

Adam, Antoine, *Histoire de la littérature française au XVIIe siècle*, 5 t. (Paris, del Duca, 1962), I, II.

Battaglio, Salvatore, *Grande Dizionario della lingua italiana* (Turin, Unione Tipographico-editrice, 1961).

Borlenghi, Aldo (éd.), *Commedie del cinquecento* (Milan, 1959), II, pp.375-492.

Brunot, Ferdinand, *Histoire de la langue française*, 13 vols (t.2 et t.3: *La formation de la langue classique*) (Paris, Armand Colin, 1911-1979).

Chardon, Henri, *La Vie de Rotrou mieux connue* (Paris, 1884; rpt. Genève, Slatkine Reprints, 1970).

Clubb, Louise George, *Giambattista Della Porta. Dramatist* (Princeton, NJ, 1965).

Corneille, Pierre, *Oeuvres Complètes*, éd. A. Stegmann, 3 vols. (Paris, 1963).

Dubois, Jean; Lagane, René; Lerond, Alain, *Dictionnaire du français classique* (Paris, Référence Larousse, 1988).

Furetière, Antoine, *Dictionnaire universel*, 3 vols. (La Haye et Rotterdam, 1690).

Guichemerre, Roger, *La Comédie avant Molière* (Paris, Armand Colin, 1972).

Guizot, François, *Corneille et son temps* (Paris, Didier, 1852).

Hall, Hugh Gaston, *Comedy in context* (Mississippi, 1984).

Huguet, Edmond, *Dictionnaire de la langue française du XVIe siècle*, 7 t. (Paris, Champion, 1921-1967).

Jarry, Jules, *Essai sur les oeuvres dramatiques de Jean Rotrou* (Lille, Quarré, 1868; rpr. Genève, Slatkine, 1970).

Jeffery, Brian, *French Renaissance Comedy, 1552-1630* (Oxford, 1989).

Kite, Barry, 'Rotrou and Italian Comedy, 1641-1645', *Seventeenth-Century French Studies*, XII (1990), 53-64.

Knutson, Harold C., *The Ironic Game: A Study of Rotrou's Comic Theater* (Berkeley and Los Angeles, 1966).

Lancaster, Henry Carrington, *A History of French Dramatic Literature in the Seventeenth Century*, (9 vols) (Baltimore, Johns Hopkins Press, 1929-1942), (Parts I, II).

Lepage, Raymond G., 'Jean Rotrou and the tradition of the 'Commedia Erudita' in France', *Kentucky Romance Quarterly*, 22 (1975), 313-320.

Martin, Henri-Jean, 'L'édition parisienne au XVIIe siècle', *Annales: économies, sociétés, civilisation*, III (1952), 313-318.

Melpignano, Richard J., '*La Soeur* de Rotrou devant la critique', *Papers on French Seventeenth Century Literature*, (1981), 16/2, 271-282.

Molière, Jean-Baptiste Poquelin, *Oeuvres Complètes*, éd. G. Couton, 2 vols. (Paris, 1971).

Morel, Jacques, *Rotrou dramaturge de l'ambiguïté* (Paris, 1968).

Morello, Joseph, *Jean Rotrou* (Boston, 1980)

Nelson, Robert J., *Immanence and Transcendence. The Theater of Jean Rotrou* (Ohio State University Press, 1969).

Orlando, Francesco, *Rotrou dalla tragicommedia alla tragedia* (Turin, 1963).

Rouillard, Clarence Dana, *The Turk in French History, Thought and Literature* (Paris, s.d.).

Richelet, Pierre, *Dictionnaire françois* (Genève, 1680).

Rigal, Eugène, *Alexandre Hardy et le théâtre français au XVIe et au commencement du XVIIe siècle* (Paris, 1889).

Scherer, Jacques (éd.), *Théâtre du XVIIe siècle* (Paris, Bibliothèque de la Pléiade, 1975) t.1. pp. 1231-1292; pp. 1294-1301.

Scherer, Jacques, *La Dramaturgie classique en France* (Paris, s.d.)

Stiefel, A.L., 'Unbekannte italienische Quellen Jean de Rotrou's', *Zeitschrift für französische Sprache und Literatur*, (Supplementheft V, 1901).

Turk, Edward Baron, 'Verbal game play in Rotrou's *La Soeur*', *Papers on Seventeenth Century Literature* (1981), 15/2, 359-364.

Vaugelas, Claude-Favre de, *Remarques sur la langue françoise. Fac-similé de l'édition originale*, publié par Jeanne Streicher (Paris, Droz, 1934).

Vianey, Joseph, 'Deux sources inconnues de Jean Rotrou', *Archives historiques, artistiques et littéraires* (1891), II, 241-250.

Vuillemin, Jean-Claude, 'Eros et dramaturgie', (Diss.U.of Michigan, 1986).

Vuillemin, Jean-Claude, 'Réception critique d'une dramaturgie baroque: le théâtre de Jean Rotrou', *Revue d'histoire du théâtre*, (1990), 243-259.

LA SOEUR
Comédie
de Mr. DE ROTROU

A PARIS

Chez Anthoine Sommaville,
au Palais dans la Petite Salle
des Merciers, à L'Escu de France

MDCXLVII

Avec Privilège Du Roy

EXTRAICT DV PRIVILEGE DV ROY.

PAR grace & Priuelege du Roy en datte du 19. Fevrier 1646. signé, par le Roy en son Conseil, LE BRVN: Il est permis à Toussainct Quinet, Marchand Libraire à Paris, d'imprimer ou faire imprimer vne Piece de Theatre, de la Composition de Monsieur de Rotrou, intitulée LA SOEVR, Comedie; & ce durant le temps de cinq ans: Auec defenses à tous autres de contrefaire ladite Piece, ny en vendre de contrefaites, sur peine de tous despens, dommages & interests, & amende arbitraire, ainsi qu'il est contenu plus au long esdites Lettres dudit Priuilege.

Et ledit Quinet a associé au susdit Priuilege, Antoine de Sommauille, & Augustin Courbé, aussi Marchands Libraires à Paris, suiuant l'accord fait entr'eux.

Acheué d'imprimer le 3. Septembre 1646.

Acteurs

LELIE	Serviteur d'Aurelie.
ERASTE	Serviteur d'Eroxene.
ANSELME	Pere de Lelie
ERGASTE	valet de Lelie
ORGYE	oncle d'Eroxene
AURELIE	
EROXENE	
CONSTANCE	mere d'Aurelie
LYDIE	servante d'Orgye
GERONTE	vieillard] - vestus à la
HORACE	son fils] - Turque

LA SOEUR

COMEDIE

ACTE PREMIER

SCENE PREMIERE

LELIE, ERGASTE

LELIE

O Fatale nouvelle et qui me desespere!*
Mon oncle te l'a dit et le tient de mon pere?

ERGASTE

Ouy.

LELIE

 Que pour Eroxene il destine ma foy,
5 Qu'il veut absolument m'imposer cette loy,
 Qu'il promet Auremie aux voeux de Polydore?

ERGASTE

Je vous l'ay desja dit et vous le dis encore.

LELIE

Et qu'exigeant de nous ce funeste devoir,*
Il nous veut obliger d'espouser des ce soir?

ERGASTE

Des ce soir.

---

* L'astérisque renvoie aux Notes p.107.

LELIE

Et tu crois qu'il te parloit sans feinte?

ERGASTE

Sans feinte.

LELIE

    Ha! si d'amour tu ressentois l'atteinte,
Tu plaindrois moins ces mots qui te coustent si cher,
Et qu'avec tant de peine il te faut arracher,
Et cette avare Echo, qui respond par ta bouche,*
Seroit plus indulgente à l'ennuy qui me touche.

ERGASTE

Comme on m'a tout appris, je vous l'ay r'apporté,
Je n'ay rien oublié, je n'ay rien adjousté,
Que desirez-vous plus?   [p.3]

LELIE

                     Aux choses d'importance
Oublier quelquesfois la moindre circonstance,
Un regard, un sousris, un mot, une action,
Ruine absolument nostre pretention.
Et, sçachant à quel poinct cet entretien m'importe,
Je t'y puis voir, cruel, repugner de la sorte.

ERGASTE

Ne vous touchant pas tant, j'y repugnerois moins;
Mais cette amour enfin vous couste trop de soings.

LELIE

Il m'en couste, il est vray, mais j'en ayme les causes.
Les espines d'amour ne sont point sans leurs roses;*

Et quand il faut souffrir pour de si doux appas,
Je tiens pour malheureux celuy qui ne l'est pas.
Au reste, estant l'autheur de mon inquietude,
30 La peux-tu negliger sans trop d'ingratitude?
Sans tes conseils...

ERGASTE

Et bien, n'est-on pas malheureux*
De voüer son service à ces fous d'amoureux!
Faictes que le succez responde à leur caprice,   [p.4]
On leur rend un devoir, non pas un bon office;
35 Le peril d'un Gibet est le moindre danger
Où, pour servir leur flame, on se doive engager;
Mais si quelque accident par malheur les menace,
On est absolument autheur de leur disgrace;
Soit que le sort enfin leur soit cruel ou doux,
40 Tout le bien leur est deub, tout le mal vient de nous.
Vostre confusion est l'effect que merite
La boüillante chaleur d'une amour illicite;
J'en avois bien preveu ce triste repentir,
Et je n'ay pas manqué de vous en advertir;
45 Mais, malgré ces advis qui ne profitoient guieres,
Je ne pûs refuser mes soins à vos prieres.

LELIE

Voyant le precipice où tu guidois mes pas,
Quoy que sollicité, tu ne le devois pas.

ERGASTE

Le temps vous rend sçavant, l'espreuve vous fait sage.
50 Mais vous estiez bien loin de tenir ce langage,
Quand, d'une impatience egale a vos douleurs,
Pendant à mes genoux, les yeux baignés de pleurs,
Confus et despourveu de tout autre remede,
Vous reclamiez mes soings, ou la mort, à vostre ayde.

LELIE

55 J'en concevrois enfin des regrets superflus,
Quand l'affaire est au poinct de n'en consulter plus.
Mais ce que tu m'apprends m'est d'un telle importance
Qu'il s'agit de ma mort ou de ton assistance,
De perdre la lumiere ou de conserver mes voeux
60 A qui je suis lié d'indissolubles noeuds.
Dy donc, que ferons-nous? Romps ce fascheux silence.

ERGASTE

Souvent on détruit tout par trop de violence.*

LELIE

Differant trop aussi, on n'execute rien.

ERGASTE

Eraste, à mon advis, nous y servira bien.
65 Et son affection ne vous sera pas vaine.

LELIE

Je me promets bien moins son amour que sa hayne,
S'il sçait la dure loy qu'on veut m'imposer.

ERGASTE

Mais il est bien aisé de l'en desabuser
Et d'obtenir de luy ce favorable office,
70 En faisant qu'il se serve en vous rendant service.

LELIE

Quoy que mon coeur repugne aux esclaircissements,
Faisons-nous cet effort; tout est doux aux amants.*
Ergaste, cherchons-le.

ERGASTE, *le suivant.*

Quel embarras extréme!*
Travailler pour des fous est bien l'estre soy-mesme!
75 Il leur faut au besoin faire tout esperer,
Et perdre tout repos pour leur en procurer.

SCENE II

LYDIE, *seule.*

Pauvre Eroxene! Helas! quelle ame impitoyable*
Ne seroit pas sensible à ta peine incroyable!
Je vous cherchois, Eraste.

SCENE III

ERASTE, LYDIE

ERASTE

Et j'estois en soucy*
80 En quel lieu je pourrois te rencontrer aussi,
Toy qui, brillant rayon du Soleil qui m'éclaire,
Toy qui, de nostre amour fidelle secretaire,*
Toy qui l'appuy...

LYDIE

Tout beau! je ne me puis flatter,
De vaines qualitez que vous m'aller oster.

ERASTE

85 Ne m'apportes-tu pas une heureuse nouvelle?

LYDIE

Tres-mauvaise, au contraire, et pour vous et pour elle,
Et pour qui, comme moy, prend part en vos ennuys.

ERASTE

Quel encor?

LYDIE

Eroxene.

ERASTE

Acheve.

LYDIE

Je ne puis.*

ERASTE

Te taire est un surcroist à ma melancholie;
Parle donc. Eroxene...

LYDIE

Est promise à Lelie.

ERASTE

Ha! quel coup plus mortel pouvois-je recevoir!*

LYDIE

Ce n'est pas tout.

Acte I

ERASTE

Quoy donc?

LYDIE

Ils espousent ce soir.
Ainsi les courts moments qui restent à vostre ayde,
Vous privant de conseil, vous privent de remede.

ERASTE

95   O fatale nouvelle, et funeste à mes voeux!
Je n'en redoutois qu'une, et tu m'en apprends deux.

LYDIE   [p.9]

Une troisieme suit.

ERASTE

Poursuy donc et m'acheve.
C'est trop long-temps languir: je ne veux plus de tréve,
Et de tous tes efforts ma constance est à bout.

LYDIE

100   Pour chercher du remede, il faut vous dire tout:
Son oncle, se doutant de nostre confidence,
M'a fait aujourd'huy une expresse deffence,
De plus sortir, vous voir, ny vous parler jamais.

ERASTE

Que le Ciel sur mon chef éclatte desormais!
105   Quelque ardent et mortel que son foudre puisse estre,*
Un fruit de ma ruine est qu'il ne peut l'accroistre.

LYDIE

Puis qu'il vous faut tout dire, et d'un coeur confident,
Vous avez à combattre un quatrieme accident.

ERASTE

Apres qu'à tant d'ennuis ma mort est impossible,
Frappe, accable, poursuy: je ne suis plus sensible.

LYDIE [p.10]

Vous avez d'Eroxene excité le courroux.

ERASTE, *comme s'évanoüissant.*

C'est à ce dernier coup qu'il faut que je succombe,
Que le nuage creve, et que le foudre tombe.

LYDIE

Vous dissimulez bien! Le coeur vous reviendra,
Et ce n'est pas encor le coup qui vous tuera.
A des yeux clair-voyants la feinte est inutile;
Certains bruits en un mot s'épandent par la ville,
Et non sans fondement et sans quelque raison,
Qui vous rendent suspect...

ERASTE

De quoy?

LYDIE

De trahison,
Ou, pour vous mieux en parler, d'amour pour Aurelie,
Au mépris de la foy dont le serment vous lie.
Son frere, qui vous suit inseparablement, [p.11]
Semble estre à ce soupçon un juste fondement.

ERASTE

125   Juste Ciel!

LYDIE

Et l'amour regne, s'il le faut dire,
Dans les yeux d'Aurelie avecques tant d'empire,
Qu'outre les cruautez et les meurtres secrets
Que ce tyran commet, avecques leurs attraits,
Dans les plus resolus et plus fermes courages,
130   L'inconstance peut bien estre un de ses ouvrages,
Et pourroit bien avoir à des charmes si doux
Acquis l'autorité qu'un autre avoit sur vous.*
C'est sur ce fondement...

ERASTE

Eroxene, Lydie,
A pû me soupçonner de cette perfidie?
135   Moy, traistre!

LYDIE, *le retenant.*

Où courrez-vous?

ERASTE

Ne retien point mes pas,
Je vais la détromper.

LYDIE

Comment?

ERASTE   [p.12]

Par mon trépas.*
Mais, perdant la clarté, j'emporteray la gloire...

LYDIE

Le mal n'est pas si grand que je vous l'ay fait croire.
Cette peur étoit plus mon soupçon que le sien;
140 Ne vous en troublez point, nous l'en guerirons bien.
Le frequent entretien de vous et de Lelie
Me faisoit redouter le pouvoir d'Aurelie;
Mais je voy qu'il n'a point alteré vostre amour.

ERASTE

Je t'en eusse éclaircie en me privant du jour,
145 Et ma mort eust fait voir qu'il n'est pas necessaire
D'estre Amant de la Soeur pour estre amy du Frere.
Tu sçaurois si l'amour avoit pû t'enflammer,
Quel tort fait un reproche à qui sçait bien aymer;
Cruelle, tu sçaurois si, pour causer ma peine,
150 L'Amour puise des traits hors des yeux d'Eroxene,
Et si, les siens enfin conservant la clarté,
L'usage leur en plaist que pour voir sa beauté.

LYDIE

Au besoin qui la presse elle implore vostre aide,
Et vous mande le mal pour chercher le remede.
155 Vous luy ferez bien mieux paroistre vostre amour,* [p.13]
Détournant cet Hymen que vous privant du jour.

ERASTE

Dy-luy qu'où de l'esprit l'adresse sera vaine...

LYDIE

Et bien?

ERASTE

Celle du bras la tirera de peine;
Que je vais de ce fer, s'il ne me satisfait,

160   Dans le coeur de Lelie effacer son pourtrait,
L'arracher de son sein; et de cet infidelle*
Immoler à l'Amour l'amitié criminelle.

LYDIE, *s'en allant.*

Ne vous emportez pas jusqu'à ce dernier poinct:*
Les hommes coustent cher, ne les prodiguons point.

SCENE IV

ERASTE, LELIE, ERGASTE

LELIE

165   C'est luy!

ERASTE

Quelque apparence où l'amitié se fonde,*
Ne cherchons plus ny foy ny vertu dans le monde;
L'amitié, les serments et la foy d'aujourd'huy   [p.14]
Ne servent qu'à tromper la bonne foy d'autruy.
Mais enfin je suivray l'exemple qu'on me donne,
170   Et, trahy de chacun, n'épargneray personne.

LELIE

Il discourt en luy-mesme.

ERGASTE

A l'exemple des fous,
Comme frappé sans doute en mesme endroit que vous.*

ERASTE

Si mon bras ne l'immole à ma juste colere,
Je veux bien que le Ciel ne me soit pas prospere.

ERGASTE

175 Que ne luy parlez-vous?

LELIE

Eraste, quel soucy
Vous excite ce trouble et vous travaille ainsi?

ERASTE

Je compatis, Lelie, aux miseres du monde,
Ou tout soucy, tout trouble et tout mal-heur abonde,
Depuis que l'amitié n'y cognoist plus de loy, [p.15]
180 Et que la foy n'y sert qu'à seduire la foy.*
Mon plus cher confident travaille à ma ruine,
Et mon meilleur amy me trompe et m'assassine.

LELIE

Je ne le tiendrois plus en cette qualité,
Et tel amy ne peut estre assez detesté.

ERASTE

185 Je ne le tiens aussi qu'en qualité de traistre,
Et le deteste autant qu'il est digne de l'estre.

LELIE

Sans vous en mettre en peine, apprenez-moy son nom,
Eraste, et laissez-moy vous en faire raison.

ERASTE

Il est de vos amis.

LELIE

       Des amis de la sorte,
190   Pour se deffendre d'eux, la cognoissance importe.

ERASTE

Quoy qu'infiniment traistre, il ne vous peut trahir,*
Ny vous, quoy qu'odieux, ne le pouvez haïr.

LELIE [p.16]

Vous le nommez?

ERASTE

       Lelie.

LELIE

             Ha! c'est me faire injure.

ERASTE

      C'est vous-mesme, cruel, vous qui m'estes parjure,
195   Vous, que pour mon amy j'ay tort de reputer,
      Vous, que par vostre advis je dois tant detester.

LELIE

J'ay part en vostre peine, et plains le trouble extréme,
Qui si visiblement vous met hors de vous-mesme.*

ERASTE,
mettant la main sur la garde de l'épée.

Et moy j'ay grande part en vostre trahison;
200   Mais vous m'avez offert de m'en faire raison.

LELIE

Dittes-moy donc mon crime, et me tirez de peine.

ERASTE

Je vous le dis assez, sans nommer Eroxene;
Et ce secret remords, qui nous sçait tourmenter
Et punir nos forfaits sans nous executer,
205 Tesmoin, juge et bourreau de vostre perfidie,*   [p.17]
Vous la reproche assez, sans que je vous la die.

LELIE

Si vostre aveuglement ne me faisoit pitié,
Ou bien si je pouvois vous manquer d'amitié,
D'un bras qui rarement attend qu'on le convie
210 Je vous aurois desja fait passer vostre envie,
Mais sans avoir donné, du penser seulement,
A vos jaloux soupçons le moindre fondement.

ERASTE

Ce n'est rien que ce soir épouser Eroxene.

LELIE

Je crains plus son amour que je ne fais sa haine;
215 Le soir qui sous ses loix rangeroit mon destin,*
Seroit suivy pour moy d'une nuict sans matin.
Mais il faut pardonner à vostre jalousie,
Et pour vous bien guérir de cette frenaisie,
Vous fiant mon secret, vous apprendre en deux mots
220 Combien un tel dessein repugne à mon repos.

ERASTE

Si chacun s'abusant, je m'abusois moy-mesme,
Je tiendrois cette erreur pour un bon-heur extréme.

LELIE

Quand de la Reyne Bonne, et d'effet et de nom,*
En Pologne mon pere eut l'heur d'estre Eschanson,*
225 Assez consideré par l'honneur de luy plaire,
(Pour vous le faire court), il y manda ma mere,
Et, nous voulant à tous partager son credit,
Souhaitta que ma soeur encore s'y rendit,
(Que ma mere eslevoit en sa plus tendre enfance);*
230 Car pour moy, desja grand et hors de sa puissance,
J'avois suivy mon pere et, sorty de son sang,
Dedans la Cour desja possedois quelque rang;*
Elles partirent donc, et, croyant la fortune
Avoir trop fait pour nous pour leur estre importune,
235 L'une en queste d'un pere, et l'autre d'un mary,
Vinrent, pour nous treuver, s'embarquer en Bary.
Mais le pilote à peine eut laissé choir les voiles,
Qu'un vent impetueux, en déchirant les toiles,
Les écarta si loing que l'on crût leurs vaisseaux
240 Le débris d'un écueil ou le butin des eaux.
Quinze ans s'estoient coulez sans qu'aucunes nouvelles
En Pologne ou dans Nole eussent rien apris d'elles,*
Et (comme, apres des soings si longs et superflus),
Mon pere n'en cherchoit ny n'en esperoit plus,
245 Depuis deux ans enfin il a sceu que ma mere,
Tombée avec ma soeur au pouvoir d'un Corsaire,
Pres d'une Isle écartée où le vent les poussa,
Avoit esté venduë aux Agents d'un Bassa;
Qu'à l'egard de ma soeur, elle en fut separee,
250 Et suivit un marchand de quelqu'autre contree.
Mon pere à ce bon-heur se sentit transporter,
Et ne jugeant que moy qui les pûst rachepter,
Outre six cents ducats, me feist pour ce voyage*
Ordonner l'appareil d'un honneste Equippage.
255 Venise, ou j'arrivay pour mon embarquement,
Veid finir mon voyage et naistre mon tourment;
Et l'endroit où je creus laisser ma lassitude
M'excita tant de peine et tant d'inquietude,
(Mais de peine si chere et si douce à souffrir)

260 Que jusques à present je n'en ay pû guerir:
A l'heure du soupper, la table fut couverte
Par des mains dont amour avoit juré ma perte,
Les mains d'une beauté dont l'abord me ravit,
Et qui m'asservit plus qu'elle ne me servit;*
265 Sophie estoit le nom de ce charme visible,
Qui, surprenant un coeur jusqu'alors insensible,
En feist en ce repas, par ses regars vainqueurs,
Un mets à ce tyran qui ne vit que de coeurs.*
Enfin, blessé d'amour, je feis lever la table,
270 Esperant perdre au lict ce tourment agreable;
Mais le sommeil, qui lors charmoit tout l'univers,
Ne pût fermer les yeux qu'amour avoit ouverts.*
L'exercice du jour endort l'inquietude, [p.20]
Mais la nuict elle veille et nous devient plus rude.
275 Le lendemain, Ergaste, ignorant mon amour,
Se rendit dans ma chambre aussi tost que le jour,
Et me dist qu'un vaisseau m'attendoit à la rade.

ERASTE

Vous partistes?

LELIE

Rien moins, je me feignis malade;*
Mais que dis-je? feignis: blessé de tant d'appas,
280 Je l'estois bien sans doute, et ne le feignis pas.
L'aymable servitude où ma raison s'engage*
M'ayant fait de ma mere oublier le servage,
Je compose avec l'hoste, et dedans sa maison
Du mal que je feignois attends la guerison;
285 Mais le mal que je feints n'ayant point besoin d'ayde,
Le vray mal que je cache y devient sans remede.
Je me hazarde enfin, et force le respect
Que de l'object aymé nous imprime l'aspect;
Et, mon feu me pressant, je découvre à Sophie
290 Et le coeur et les voeux que je luy sacrifie.
Mais en vain mon adresse, avec tout son effort,
Tente de son honneur l'inexpugnable fort;*

Et j'apprends, à la fin de mes poursuittes vaines,
Que je ne puis pretendre autre fruict de mes peines,
295 Que la confusion d'un frivole sejour, [p.21]
Ou le pudique fruict d'un legitime amour;
Qu'elle estoit de naissance assez considerable
Pour aspirer au joug d'un hymen honorable;
Mais que son mauvais sort, infidelle à son sang,
300 En l'estat d'une esclave avoit changé son rang.
L'amour, qui me rendoit ma franchise importune,
Feist en moy ce qu'en elle avoit fait la fortune,
Me meist d'un estat libre en un rang où je serts.
Je délivray l'objet qui me tenoit aux fers;
305 Je racheptay Sophie, et, la prenant pour femme,
En délivrant son corps, m'assujettis son ame.

ERGASTE

Si de ce long recit vous n'abregez le cours,*
Le jour achevera plûtost que ce discours;
Laissez-le-moy finir avec une parole.
(*Il parle à Eraste.*)
310 Cinq ou six mois apres, nous nous rendons à Nole,
Où de Constantinople on creut nostre retour;
Et là, par non advis et par celuy d'amour,
Nous estant concertez, je fis croire à mon pere*
Le rachapt de sa soeur et la mort de sa mere.
315 De Sophie à present Aurelie est le nom;
Le pere en cette erreur la souffre en sa maison,
Où, d'une chaste amour satisfaisant la flâme,
Elle est fille le jour, et la nuict elle est femme.
Jugez par ce recit si vray semblablement [p.22]
320 Vostre jaloux soupçon a quelque fondement,
Et si, quoy qu'on propose, il peut souffrir sans peine
La proposition qu'on leur fait d'Eroxene.

ERASTE

Dieu! jamais Comedie, en sa narration,
N'excita tant de joie et tant d'attention;

325 Et l'éclaircissement, qui dissipe ma crainte,
M'interdit toute excuse et condamne ma plainte;
Mais de quelle arme enfin esperez-vous parer
L'Hymen...

LELIE

Nous vous cherchions, pour en deliberer.
J'ay fait mon personnage en cette Comedie;*
330 Pour ce qui reste, il faut qu'Ergaste y remedie.

ERGASTE

J'ay pendant ce recit eu le temps d'y réver;
Voyez si ce moyen se pourroit approuver:
Au vieillard Polydore Anselme offre Sophie,
Ou plûtost pour ses biens il la luy sacrifie,
335 Voyant qu'il s'est offert de la prendre sans dot.*

LELIE

Il est vray.

ERGASTE

Mon advis est qu'Eraste, en un mot,
Luy faisant la mesme offre, obtienne sa parole
Et rende du Vieillard l'esperance frivole;
L'honneur qu'il recevra d'un si puissant appuy,
340 Et le peu de rapport de Polydore à luy,
Luy feront trop des deux faire la difference
Pour devoir hesiter en cette preference.
Vous, Lelie, il faudra que vous feigniez aussi
Qu'Eroxene causant vostre plus doux soucy,
345 Vostre plus grand bon-heur est qu'un Hymen vous assemble,
Et lors il est aisé de vous loger ensemble,
Et que, par cet intrigue adroictement conduit...

LELIE

Et bien?

ERGASTE

La Soeur du jour soit la femme la nuict.
Tant que de vos Vieillards, qui n'ont plus guiere à vivre,*
350   La mort, qui change tout, de ces soins vous delivre.

ERASTE

Comment, sans espouser, posseder leurs appas,
Ou comment, espousant, ne les posseder pas?
N'est-ce pas te confondre, ou d'un double adultere   [p.24]
De ce lien sacré profaner le mystere.?

ERGASTE

355   Un amy travesty, vos parens assemblez,
Vous peut-il pas unir de ces noeuds simulez?*
Puis, leur mort arrivant, un Hymen legitime
Des faveurs d'Eroxene effacera le crime.

LELIE

Un plus rare moyen ne se peut concevoir,
360   Et tu me rends la vie en me rendant l'espoir;
Par cet heureux advis, qui nous tire de peine,
Je conserve Aurelie.

ERASTE

Et j'espouse Eroxene.

ERGASTE

Moy peut-estre un Gibet, si l'art est esventé.
Mais n'en consultons plus: le sort en est jetté.

LELIE

365   Croy qu'il me souviendra de cet heureux office.

ERASTE

Croy qu'estre ingrat aussi ne fut jamais mon vice.

ERGASTE

Ny refuser aussi ne fut jamais le mien.
Tous, alors qu'on vous sert, vous en promettez bien;
Mais tousjours pour effets vous baillez des attentes;
370   Vos assignations ne sont jamais contentes;
De vos profusions on n'est jamais surpris.
N'importe, la vertu de soy-mesme est le prix.
Je vais treuver Anselme et commencer mon roole,*
Où, si de mes efforts le succez n'est frivole,
375   Il sera bien adroit, s'il nous peut eschapper;
Et s'il ne court bien fort, je sçauray l'attrapper.*

ACTE II

SCENE PREMIERE

LELIE, AURELIE, ERGASTE

AURELIE,
sur sa porte voyant revenir Lelie.

Qui vous a retenus? Il estoit temps, Lelie,
De tirer mon esprit de sa melancholie:
Et, tardant un moment, la mort l'en eust tiré.   [p.26]

LELIE

380   Quel nouveau déplaisir peut l'avoir alteré?

AURELIE

Quel plus grand déplaisir faut-il que vostre absence,
A qui, sans aucuns biens, sans nom, sans connoissance,
Pour support, pour amis, pour parens, pour époux,
Pour tout refuge enfin, ne reconnoist que vous?
385   Le sort, dés le berceau me déclarant la guerre,
De libre que j'estois en ma natale terre,
M'en tira pour m'oster ce precieux tresor,
Et m'arracha du sein qui m'allaictoit encor.
Je perdis, d'un seul traict que lança la furie,
390   Ma liberté, mon nom, mes parens, ma patrie;
Et pour toute richesse il ne m'estoit resté
Qu'un coeur libre et constant, que vous m'avez osté.
Quand je croyois enfin que, changeant de servage,
Ce cruel ennemy m'eust changé de visage,
395   Et que le cher present qu'il m'a fait de vos fers
Dût guerir tous les maux que j'ay jamais souffers,
Je voy qu'il entreprend ma derniere ruine,
Et veut, par le succes des maux qu'il me destine,
M'ostant jusqu'à l'espoir, me dépoüiller d'un bien
400   Qui malgré luy demeure à qui ne reste rien.

LELIE

Vous sçavez que mes yeux, dépourveus de deffence,
Mirent si tost mon coeur dessous vostre puissance,
Que, sans rien meriter par ma captivité,
Je ne fis qu'obeïr à la necessité.
405 Par cette conjoncture, il est aisé de croire
Que l'honneur d'estre à vous faisant toute ma gloire,
Le malheur de vous perdre et de ne vous plus voir
Feroit mon infaillible et dernier desespoir.

AURELIE

S'il faut donc par la fuitte eviter la disgrace
410 Dont un pere importun aujourd'huy nous menace,
Proposez-moy l'horreur des plus affreux desers,*
Des plus sombres forests, des plus penibles mers:
Je vous suivrez sans peine au bord des precipices;
Tous travaux avec vous me seront des delices.

ERGASTE

415 Combattons la fortune avec tout nostre soin;
Mais n'allons point chercher à la vaincre si loin:
Si tost qu'on leve l'anchre et qu'il faut perdre terre,
Je croy m'estre exposé dans un vaisseau de verre,*
A qui le moindre flot est un funeste écueil,*
420 Dont le choc va m'ouvrir un liquide cerceuil.

LELIE

Ton interest n'est pas ce qui nous met en peine.

AURELIE

Si de nos importuns l'esperance n'est vaine,
Ce soir, qui de nos voeux nous doit oster le fruit,
Sera suivy pour nous d'une eternelle nuit.
425 En cette extremité, faisons avec courage
Ce qu'en mesme besoin fait un qui fait naufrage,

Qui, sans perdre courage, est constant jusqu'au bout,
De l'oeil et de la main cherche et s'attache à tout.

LELIE

Le Ciel nous peut ayder, si l'art nous est frivole.
430 Mais mon pere revient...Toy, commence ton roolle;*
Vous, Aurelie, entrez: je vous veux conferer
D'un advis que l'Amour vient de nous suggerer.

SCENE II

ANSELME, ERGASTE

ANSELME

En quel endroit, Ergaste, as-tu laissé Lelie?

ERGASTE

Dans sa chambre; pourquoy?

ANSELME

Seul?

ERGASTE

Avec Aurelie.

ANSELME

435 M'estant teu si long-temps, je l'avouë aujourd'huy:
Je suis mal satisfait d'Aurelie et de luy.
Il semble, (s'il te faut parler d'une ame ouverte),
Que, rachetant sa Soeur, il acheta sa perte,*
Et que Constantinople est un sejour fatal,

440 Où tout bien se corrompt et degenere en mal.
Si l'étude autresfois l'a mis en quelque estime,
Il semble n'estre plus qu'un corps que rien n'anime;
Et son oysiveté semble le mettre au rang
Des objets dépourveus et de vie et de sang.
445 Il ne sçauroit treuver pour son inquietude,
Dans son bizearre humeur, assez de solitude;
Et l'Eglise, autrefois le premier de ses soins,
Est aujourd'huy le lieu qu'il frequente le moins.

ERGASTE

Le proverbe est certain, et l'épreuve constante,
450 Que l'on sçait qui l'on est, en sçachant qui l'on hante;
Et vous plaindre de luy n'est que luy reprocher [p.30]
Qu'avecques les boiteux on apprend à clocher.
Nous venons de Turquie; et, dans cette contrée,
Des plus religieux l'Eglise est ignorée;
455 C'est un climat de maux, dépourveu de tous biens*
(Car les Turcs, comme on sçait, sont fort mauvais Chrestiens).
Les Livres en ce lieu n'entrent point en commerce;
En aucun art illustre aucun d'eux ne s'exerce;
Et l'on y tient quiconque est autre qu'ignorant
460 Pour *Catalamechis*, qui sont gens de neant.

ANSELME

Plus jaloux de sa Soeur qu'on n'est d'une Maistresse,
Jamais il ne la quitte; ils se parlent sans cesse,
Me raillent, se font signe, et, se mocquants de moy,
Ne s'apperçoivent pas que je m'en apperçoy.

ERGASTE

465 Là, chacun à gausser librement se dispense;*
La raillerie est libre et n'est point une offence;
Et, si je m'en souviens, on appelle en ces lieux
Urchec, ou gens d'esprit, ceux qui raillent le mieux.*

ANSELME

      Ils en usent pour Nole avec trop de licence;
470   Et, quoy que leur amour ait beaucoup d'innocence,
      Je ne puis approuver ces baisers assidus,   [p.31]
      D'une ardeur mutuelle et donnés et rendus,
      Ces discours à l'oreille et ces tendres caresses,
      Plus dignes passe-temps d'Amants et de Maistresses,
475   Qu'ils ne sont en effet d'un Frere et d'une Soeur.

ERGASTE

      Se peuvent-ils cherir avec trop de douceur?
      Et, proches comme ils sont, peut-on sans injustice
      Interdire à leur sang de faire son office?

ANSELME

      Je crains que cette office excede leur devoir.
480   Je n'en puis mal juger; mais il faut tout prevoir.

ERGASTE

      La Loy de Mahomet, par une charge expresse,
      Enjoint ces sentimens d'amour et de tendresse
      Que le sang justifie et semble authoriser;
      Mais le temps les pourra de-Mahometiser.*
485   Ils appellent *Tubalch* cette ardeur fraternelle,*
      Ou *Boram* qui veut dire intime et naturelle.

ANSELME

      S'il m'est enfin permis de ne te point mentir,
      Et si d'une bonne oeuvre on se peut repentir,
      De leurs déportemens mon ame inquietée   [p.32]
490   Conçoit quelque regret de l'avoir rachetée,
      Puis qu'en la recouvrant je perdis mon repos,
      Que ce soin importun traverse à tout propos.

ERGASTE

L'usage de Turquie enfin les justifie;
La Loy Turque...

ANSELME

Et toy, traistre, avecques ta Turquie,
495 Avecques ta Loy Turque, avec ton Mahomet,
Tu veux authoriser cet usage indiscret,
Et sous un voile Turc me chargeant d'infamie,
M'affonter à la Turque et couvrir leur folie.
Mais le soin que tu prends de les justifier
500 Me les rend plus suspects et m'en fait défier.
J'entends, si chez les Turcs ils suivoient leur methode,
Que parmy les Chrestiens ils vivent à leur mode.

ERGASTE

La fille ayant atteint l'âge de la raison
Est un meuble importun dedans une maison,
505 Et dont aux plus soigneux la garde est incertaine.
Un mariage enfin nous tireroit de peine,*
Et borneroit vos soins en terminant ses voeux.

ANSELME [p.33]

Tu n'en proposes qu'un, et j'en ai conclu deux.
Tu connois Eroxene?

ERGASTE

Oüy, la niepce d'Orgye?

ANSELME

510 Elle-meme. Est-ce un choix indigne de Lelie?

ERGASTE

S'il obtient par vos soins ce favorable choix,
Vous luy donnez la vie une seconde fois,
Puis qu'il aime Eroxene à l'égal de son ame,
Et que son seul respect luy fait cacher sa flâme.

ANSELME

515 Je rends graces au Ciel qu'une fois pour son bien
Son choix, toujours contraire, ait rencontré le mien.
Mais outre cet Hymen, j'ay d'Aurelie encore
Arresté l'alliance avecques Polydore.

ERGASTE

Pour Lelie, Eroxene est tout l'heur qu'il pretend;
520 Mais pour sa Soeur...

ANSELME [p.34]

Et bien?

ERGASTE

Ne vous hastez pas tant.

ANSELME

Pourquoy? veux-tu que l'âge au logis la consomme?*

ERGASTE

Ne la mariez point, ou luy donnez un homme.

ANSELME

Et qu'est donc Polydore?

ERGASTE

Il n'est plus, autant vaut.

ANSELME

Comment! en sa santé sais-tu quelque defaut?*

ERGASTE

525 Non, mais il est trop jeune; attendez qu'il ait l'âge,*
Et puisse satisfaire aux devoirs du menage.
O que de ses pareils le feu doit estre ardent!

ANSELME [p.35]

Il n'a pas cinquante ans!

ERGASTE

Et plus, pas une dent.
Il n'est dans la Nature homme qui ne le juge
530 Du siecle de Saturne, ou du temps du Deluge;*
Des trois pieds dont il marche, il en a deux goutteux
Et ressemble en marchant à ces asnes boiteux,
Qui presque à chaque pas trébuchent de foiblesse
Et qu'il faut soûtenir ou relever sans cesse.

ANSELME

535 Il est riche, et le bien a de puissants appas.

ERGASTE

Fabrice ment donc bien, car il ne le dit pas.

ANSELME

Quel Fabrice?

ERGASTE

    Un valet, qu'íl chassa pour un verre
Qu'il rinçoit par mal-heur et qui tomba par terre.

ANSELME

Et que t'en a-t-il dit?

ERGASTE

    Que, bien loin de l'enfler,
540   Il vuidoit sa finance à force de souffler,
Et que pensant l'accroistre avec de la fumée,
En fumée au contraire il l'avoit consommée,
Qu'au reste, on vit chez luy de mets si delicats
Qu'on meurt tousjours de faim à la fin du repas.
545   Baste! encor, pour avoir la fortune contraire:
A bien d'honnestes gens elle n'est pas prospère.
Mais son esprit mordant, envieux et jaloux,
Ne pardonne à personne et se prend jusqu'à vous:
Déchiffrant vostre vie avec d'autres critiques,
550   Par tous les carrefours il en fait des chroniques,
Et ne se plaist à rien tant qu'à vous éplucher.
Mais en vous disant tout je vous pourrais fascher.*

ANSELME

Acheve, je le veux.

ERGASTE

J'ay honte de le dire.

ANSELME

Si ce qu'il dit est faux, je n'en seray pas pire.

ERGASTE

555 Il vous veut imputer certaine infirmité
Par qui de tous les nez le vostre est évité,
Et dit qu'un vieil prurit, dont le corps vous demange,*
Vous oblige sans cesse à quelque geste étrange.

ANSELME

Le sot ment par sa gorge!

ERGASTE

                Et dit le bien savoir
560 De gens qui tous les jours ont l'honneur de vous voir,
Mesme de vos amis.

ANSELME

Il ment par les oreilles!

ERGASTE

De plus, qu'ayant le nez delicat à merveilles,
Il le sçait par luy-mesme.

ANSELME

Il ment par l'odorat!

ERGASTE

Et que, le vostre estant et si court et si plat,
565 Cette incommodité qui vous est naturelle,
Est facile à juger.

ANSELME

Il ment par la cervelle!

Acte II

ERGASTE

Quoy qu'il n'ait pas raison, car je sçais bien qu'il ment,
L'accès qu'il a chez vous le fait croire aysément.

ANSELME

Mais comment l'en bannir? Ma parole me lie,
570 Joint qu'il s'offre sans dot d'épouser Aurelie.*

ERGASTE

Espargner sa vertu bien plûtost que sa dot.
Car toute femme, enfin, ne peut faire qu'un sot;*
Et tout pere puissant qui pourvoit mal sa fille,
Rend pour le moins suspect l'honneur de sa famille.
575 Mais Eraste qui l'ayme, et sans comparaison
Plus sortable de biens et d'âge et de maison,
Pressé d'un feu secret, incessamment aspire,
Sans l'oser declarer au joug de son empire,
Vous fera la mesme offre et la prendra sans dot;
580 Il s'enhardit hyer de me toucher un mot.

ANSELME [p.39]

Eraste!

ERGASTE

Ouy, fils d'Orchas, grand amy de Lelie.

ANSELME

Il témoigne, sans dot, vouloir bien d'Aurelie!*

ERGASTE

Non sans dot seulement, mais sans habits encor,
Et la croit toute nuë un si riche tresor,

585   Que...

ANSELME

Fais-le moy parler, et concluons l'affaire;
Pour l'autre, il peut ailleurs se pourvoir d'un beau-pere.
J'ay du respect pour luy comme il en a pour moy;
En me calomniant, il degage ma foy,
Et, recherchant ma fille, il m'a deu mieux connoistre.

ERGASTE

590   Vous vous engendriez mal: c'est un fou.

ANSELME

C'est un traistre.*

ERGASTE

Un fourbe.

ANSELME   [p.40]

Un archi-fourbe.

ERGASTE

Un calomniateur.

ANSELME

Un médisant.

ERGASTE

Un lasche.

ANSELME

Un gueux.

ERGASTE

Un imposteur.

ANSELME

Un infame.

ERGASTE

Un faquin.

ANSELME

Un reste de Galere.
Mais insensiblement tu m'as mis en colere,
595 Et si dans cette humeur je l'avois rencontré,
Je serois homme encor à le voir sur le pré.

ERGASTE [p.41]

L'âge vous en dispence; et luy n'est pas si traistre,
Si peut-estre il n'y va pour faucher ou pour paistre

ANSELME,
s'en allant.

Fay moy venir Eraste; adieu.

ERGASTE

Quel doux ébat!*
600 O la bonne balourde, et le plaisant soldat!

SCENE III

EROXENE, LYDIE

EROXENE

Va, rends ce bon office au feu qui me consomme,*
Il me promet beaucoup; mais, Lydie, il est homme,
C'est-à-dire d'un sexe où l'on fait vanité
D'oubly, de perfidie et d'infidélité;
605 Et, s'il me fait le tort dont mon soupçon l'accuse,
Aurelie a des yeux qui portent son excuse.

LYDIE [p.42]

Je l'iray bien chercher; mais qu'apprendray-je enfin,
Après tous les sermens qu'il m'a faits ce matin?
Quel abord luy feray-je? et que luy dois-je dire?

EROXENE

610 Confesse-luy ma crainte, et dis-luy mon martyre,
Que l'accès qu'un amy luy donne en sa maison
Me le rend, en un mot, suspect de trahison.
Mais non, ne touche rien de ce jaloux ombrage;
C'est à sa vanité donner trop d'avantage.
615 Dy-luy que, puis qu'il m'ayme et qu'il sçait qu'aux Amants
Une heure sans se voir est un an de tourments,
Il m'afflige aujourd'huy d'une trop longue absence.
Non, il me voudroit voir avec trop de licence,
Dy-luy que dans le doute où me tient sa santé...
620 Mais puis que tu l'as veu, puis-je en avoir douté?
Flattant trop un Amant, une Amante inexperte
Par ses soins superflus en hazarde la perte.
Va, Lydie; dy-luy ce que pour mon repos
Tu crois de plus seant et de plus à propos.
625 Va, rends-moy l'esperance, ou fais que j'y renonce;
Ne dy rien, si tu veux; mais j'attends sa réponce.*

Acte II

LYDIE

Que me répondra-t-il, si je ne luy dis rien?

EROXENE [p.43]

Le silence parfois est un docte entretien;*
Et le voir de ma part, sans luy pouvoir rien dire,
630 C'est luy faire sur moy connoistre son empire;
C'est d'un style eloquent et digne de ses voeux
Expliquer mes soupçons, mes soûpirs et mes feux.
O sexe malheureux et chetif que le nostre,*
Où, l'amour se treuvant naturel comme à l'autre,
635 L'adveu n'en est pas libre et s'en treuve honteux,
Où l'on permet d'aymer, non d'avoüer qu'on ayme,
Où la pudeur travaille autant qure l'amour mesme!

LYDIE

Si vostre oncle, arrivant, m'appelloit par hasard...

EROXENE

640 Va; toûjours une Amante a quelque excuse à part,
(Comme un vieillard toûjours a l'humeur soupçonneuse:)
Tu seras chez l'Orfevre, ou bien sur l'Empezeuse;
Je sçauray l'abuser. Mais presse ton retour,
Si tu me veux encor voir respirer le jour.

SCENE IV [p.44]

LYDIE, seule.

645 Invincible vainqueur des coeurs les plus rebelles,*
Amour, que ton pouvoir démonte de cervelles,
Et que nostre raison suit de pres le repos!
Mais je ne pouvois pas sortir plus à propos.

SCENE V

ERASTE, LYDIE

ERASTE

Lydie, oblige-moy d'asseurer Eroxene...

LYDIE

650 De quoy?

ERASTE

    Que je travaille à vous tirer de peine,
Qu'un prompt evenement lui prouvera ma foy, [p.45]
Et que, malgré le sort... (*Advisant Anselme qui sort.*)
    Mais va, retire-toy.

LYDIE

Quel caprice vous fait me chasser de la sorte?

ERASTE

Ne t'en informe point: un sujet qui m'importe.
655 Ne me suis point, te dis-je. Adieu.

LYDIE

De la façon?

ERASTE, *en luy-mesme.*

Anselme en auroit pu concevoir du soupçon.

LYDIE, *loin de luy.*

O Dieux!

ERASTE

Abordons-le, commençons nostre roole.*

SCENE VI [p.46]

ANSELME, ERASTE, LYDIE.

LYDIE

N'Avoir pû luy tirer ny dire une parole!*
Me fuir, me rebuter et me quitter ainsi!
660 Ma Maistresse a raison de s'en mettre en soucy.
Anselme vient à luy: quelque trame se brasse.
Ne nous éloignons point; sçachons ce qui se passe.
(*Elle se cache dans une porte*)

ANSELME

Venez, mon cher Eraste, ou plûtost mon cher fils,
(Puis que par vostre amour ce nom vous est acquis).
665 Vous avez pû sçavoir d'Ergaste et de Lelie
A quel poinct je tiens cher le bon heur d'Aurelie.

ERASTE

Je croy pareillement qu'ils vous auront appris
A quel prix je tiendray cette faveur sans prix.

ANSELME

Le témoignage exprés qu'ils viennent de m'en rendre
670 Fait que je vous saluë en qualité de gendre,
Et vous offre chez moy toute l'authorité [p.47]
Que vous y pouvez prendre en cette qualité.

LYDIE

Qu'entends-je, ô juste Ciel!

ANSELME

                      Ils vous ont dit encore
Qu'à quelque si haut poinct que ce bon-heur m'honore,
675   Je ne puis autrement encor l'avantager?
Mes biens apres ma mort se pourront partager;
Mais, comme j'en ay peu, sa dot sera petite.

ERASTE

Ne comptez-vous pour rien sa grâce et son merite,
Ces rares qualitez, ces precieux tresors,
680   Dont le Ciel enrichit son esprit et son corps?
En soi seule elle apporte une richesse extréme,*
Et je ne pretends d'elle autre dot qu'elle-mesme.

LYDIE

Et puis asseurons-nous en la foy d'un Amant!
Mais je pense veiller, et dors asseurément.*

ANSELME

685   Je croy, puis que sans fard il faut ouvrir nos ames,
Qu'il ne vous reste rien de vos premieres flâmes,
Qu'Eroxene, en un mot, n'a plus l'authorité   [p.48]
Qu'on m'a dit qu'elle avoit sur vostre liberté.
Quelque nouvelle amour dont le feu nous consume,
690   Nostre premier brasier aisément se r'allume,
Pour peu que sous sa cendre il reste de chaleur,
Et ce mal ne produit que hayne et que mal-heur.

ERASTE

J'ay, pour me divertir d'une humeur sotte et vaine,
Pris plaisir, il est vray, d'abuser Eroxene;

695 Mais si jamais l'amour n'estoit victorieux,
Par de plus dignes traits que par ceux de ses yeux,
Ce Monarque absolu sur tout ce qui respire*
N'auroit pas bien avant étendu son empire.

LYDIE

Et lasches, nous prisons un bien si peu constant,
700 Dont la perte et le gain se fait en mesme instant!*

ANSELME

C'est assez, elle est vostre, et d'un mesme lien
J'engage sous vos lois et son coeur et le mien.

ERASTE

Et par ce cher present vostre bonté me donne
Plus que la plus brillante et la plus riche couronne.
705 Souffrez que j'aille offrir l'hommage que je doy* [p.49]
A la Divinité dont j'adore la Loy,
Et luy sacrifier le beau feu qui me presse.

LYDIE

Que ne puis-je arracher cette langue traistresse!

ANSELME

Allons, nous prendrons jour pour la solennité
710 D'un joug si precieux à vostre liberté.

SCENE VII

LYDIE, *seule.*

O Noire perfidie! ô siecle! ô monde immonde!*
Source en crimes, en fraude, en miseres feconde!

Vil Theatre des jeux et du sort et du temps,*
Qui se peut garantir des lacs que tu nous tends?
715 Triste objet de pitié, trop fidele Eroxene,
Ou trop simple plûtost, trop credule et trop vaine,
D'avoir crû posseder assez d'authorité, [p.50]
Pour obliger ce sexe à quelque fermeté;
Un sexe, qui du nostre incessamment se joue,
720 Plus changeant que le sort, moins stable que la roue,
Et pour qui toutefois, malgré son changement,
Nostre sexe imbecille a tant d'attachement!
Fay maintenant estat des devoirs de ces traistres,
Si peu nos serviteurs, et si long-temps nos maistres,
725 Et dont ou l'inconstance ou la possession
Du jour au lendemain éteint l'affection,
Si larges en serments, si riches en promesses,
Qui par tant d'artifices excitent nos tendresses,
Qui mourants, languissants, et si pres de leur fin,*
730 Ressuscitent le soir de la mort du matin.
Porter ce coup mortel dans le sein d'Eroxene
Est travailler, dit-il, pour la tirer de peine!
Que feras-tu, chetifve? et, pour tant de douleurs,*
Deux yeux te pourront-ils fournir assez de pleurs?
735 Jamais, jamais du sort les plus sanglants outrages,
N'ont produit de sanglots, de desespoirs, de rages,
De troubles, de transports ni de forcennements,*
Sensibles à l'égal de tes ressentiments!
T'imite qui voudra! ton mal me rendra sage.
740 J'éviteray l'éceuil où j'ay veu le naufrage;
Tous les charmes d'Amour auront beau me tenter,
Et qui m'attrappera s'en pourra bien vanter.*

ACTE III [p.51]

SCENE PREMIERE

GERONTE, *vieillard, et* HORACE, *son fils,
vestus à la Turque.*

GERONTE

Enfin apres un long et penible voyage,
Si souvent menacé des vents et de l'orage,
745 (Grace à l'heureux Demon qui gouverne mon sort),
Je revois mon païs et me retrouve au port.
En estat de te rendre, ô ma chere patrie,
Quand la Parque voudra disposer de ma vie,
De ces membres usez les cendres et les os,
750 Et remettre en ton sein ces funebres déposts.
Ne vois-je pas Anselme? ô l'heureuse nouvelle
Dont je vais réjoüir un ami si fidelle!
(*L'allant embrasser.*)
Anselme! Mais d'où vient qu'il détourne ses pas? [p.52]
Quoy, mon plus cher amy ne me reconnoist pas?
755 Et de Geronte Anselme a perdu la memoire!

SCENE II

ANSELME, GERONTE, HORACE.

ANSELME

Vous, Geronte!

GERONTE

Voyez!

ANSELME

Hé Dieu! qui l'eust pû croire
A voir ce corps tremblant et ce visage usé,
L'un et l'autre si vieil, si maigre et déguisé?*
Qui vous a pû causer ce changement extréme?

GERONTE

760 Manger mal,boire pis, souuent coucher de mesme,*
Marcher incommodé, sans beste et sans valet.

ANSELME [p.53]

A quoy ces habits Turcs? dancez vous un balet?
Portez-vous un momon?

GERONTE

Sans railler, je vous prie!*
J'ay mangé franchement mes habits en Turquie.

ANSELME

765 Comment! en ce païs mange-t-on les habits?

GERONTE

Oüy, mais l'on s'y plaist moins à railler ses amis.
Sçachez qu'où la faim presse et la bource s'altere,
Il n'est rien de si dur que le corps ne digere.
Pour vous, plus j'en confere avec mon souvenir,
770 Plus je voy que le temps vous a fait rajeunir;
Et cette gayeté d'humeur et de visage
Cache aux yeux les plus fins la moitié de vostre âge:
Il n'est païs si sain que son natal sejour.

ANSELME

Baste! c'est me le rendre. Enfin, d'où le retour?

GERONTE, *monstrant Horace.*

775 De racheter mon fils, ravi par des Corsaires
Et fait le triste objet de quinze ans de miseres,
Dans la fameuse Ville où le grand Constantin [p.54]
Avoit de l'Orient estably le destin.

ANSELME

Vos bontez l'ont tiré d'une longue disgrace.

GERONTE

780 Le sang m'y convioit.

ANSELME

Vous l'appellez...

GERONTE

Horace.

ANSELME, *l'embrassant.*

Le Ciel, mon cher Horace, apres ce long ennuy...*

GERONTE

Il ne vous entend point, je vous réponds pour luy;
Car il n'a jamais sceu sa langue naturelle.
Je vous apporte, au reste, une bonne nouvelle.

ANSELME

785 Quelle? Que le Grand Turc n'arme point cette esté,*
Ou veut faire alliance avec la Chrestienté?

GERONTE

Je dis bonne pour vous: vostre femme Constance,
(Hors le sensible ennuy qu'elle a de vostre absence),
En assez bon estat, peu devant mon depart,
790 Me vit et me chargea de vous voir de sa part.

ANSELME

O Dieu! vous devez donc, (si ce n'est raillerie),
Venir de l'autre monde, et non pas de Turquie!

GERONTE

C'est bien un autre monde, où les Chrestiens aux fers,
Haïs, persecutez, souffrent plus qu'aux enfers.*

ANSELME

795 Ha! Geronte, raillons, mais non jusqu'à l'injure.
Quel plaisir prenez-vous à r'ouvrir ma blessure
Et me faire mourir par un second effort,
En me renouvellant la douleur de sa mort?

GERONTE

O la vaine douleur, et la plainte frivole!
800 Depuis trois ans, Anselme, est-ce un usage à Nole
De regretter la mort de qui se porte bien?*

ANSELME

En est-ce un chez les Turcs de ne regretter rien
Et, d'une extravagance à nulle autre seconde,*
Asseurer la santé de qui n'est plus au monde?

GERONTE

805 Qui vous a dit sa mort?

ANSELME

J'en suis trop informé;
Et le temps et l'argent qu'en vain j'ay consommé
Pour un voyage exprés d'Ergaste et de Lelie,
Ne m'ont pû par leur soin recouvrer qu'Aurelie.
Pour Constance, l'année a fait six fois son cours
810 Depuis que le Soleil a veu borner ses jours.

GERONTE

Quoy qu'en mon Occident, j'ay la veuë excellente;
Je connois trop Constance, et sçay qu'elle est vivante;
Et je dementirois, sur un sujet pareil,
Vous, Lelie, Aurelie, Ergaste et le Soleil.
815 Pour vostre fille...

ANSELME

Et bien?

GERONTE [p.57]

Sa mere la croit morte.

ANSELME

Vous me feriez mourir de parler de la sorte,*
Et vous viendriez à bout des esprits les plus forts.
Vous tuez les vivants et r'animez les morts:
Celle que vous sauvez est en terre et pourrie;
820 Celle que vous tuez aujourd'huy se marie.
Et je dois à vous seul adjuster plus de foy
Qu'à mes gens, qu'à mon fils, qu'à ma fille et qu'à moy.

GERONTE

Je n'entreprendray pas d'éclaircir ces mysteres;
Mais souvent les enfans en imposent aux peres;

825 Et, pour tirer l'argent qu'on leur veut épargner,
Vont quelquesfois bien loin sans beaucoup s'éloigner.
Constance croit enfin le trespas d'Aurelie,
Et dans Constantinople on n'a point veu Lelie.

ANSELME

Cette fameuse Ville est donc, en vostre endroit,*
830 Une seconde Nole où chacun se connoist.

GERONTE

Non, je ne vous dy pas que ces lieux se ressemblent;
Mais dans Saincte Sophie, où les Chrestiens s'assemblent*
Pour l'office Divin qui s'y fait avec soin,   [p.78](sic)
Chacun fait connoissance et s'assiste au besoin.
835 Mais ne m'en croyez pas, croyez-en cette lettre
  (Foüillant en sa poche.)
Qu'à mon soin en partant elle a voulu commettre;
La doute où sans raison semblez insister
Me faisoit oublier de vous la presenter.
Tenez, en sçaurez-vous connoistre l'écriture?

ANSELME, la baisant.

840 O joye inesperée! incroyable advanture!
Pour contester ce gage, il est trop precieux;
Et dementir sa main est démentir ses yeux.
  (Il lit.)
Helas! quels sentiments d'amour et de tendresse!
Que direz-vous, Geronte? excusez ma foiblesse;
845 Je ne puis refuser ces baisers, ny ses pleurs,
A ce crayon parlant de ses vives douleurs.
Mais tu te plains à tort de mon ingratitude,
O cher et doux sujet de mon inquietude!
Ce reproche est injuste; et le Ciel m'est témoin
850 Si j'ay manqué pour toy ny d'amour ny de soin.

GERONTE

Et bien! vous rendrez-vous apres ce témoignage?

ANSELME

J'avois tort; je me rends, mais avec advantage
Et je gagne en perdant bien plus que je ne pers, [p.79](sic)
Si je puis de Constance un jour briser les fers.
855 Mais si je m'obstinois, trouvez bon qu'Aurelie
Quant à ce qui la touche au moins me justifie.*
Descendez, Aurelie.

GERONTE

Oüy, faites-la moy voir.
Outre que mon retour m'oblige à ce devoir,
Vous pourrez voir encor par nostre conference
860 Si ce que j'ay crû d'elle est contre l'apparence,
Et si j'avance rien contre la verité.

ANSELME

Non, je ne vous tiens pas en cette qualité;
J'aurois soupçon plûtost d'Ergaste ou de Lelie.

SCENE III

AURELIE, ANSELME, GERONTE, HORACE

AURELIE

Que voulez-vous, mon pere?

ANSELME

                    Approchez, Aurelie.*
865 Cet amy, de Turquie aujourd'huy de retour, [p.60]
M'apprend que vostre mere y respire le jour.

AURELIE, *bas.*

Voicy l'instant fatal d'où dépendoit ma perte.
Nostre art est éventé, la fourbe est descouverte;
Je ne sçay qu'avoüer, ny que nier aussi.
870 Que diray-je? Ha! qu'Ergaste au moins n'est-il icy?

ANSELME

Vous ne respondez rien?

AURELIE

                    Helas! ce nom de mere*
Renouvelle en mon coeur une douleur amere
Qui me ferme la bouche et m'etouffe la voix.
Ha! si, pour la revoir seulement une fois
875 Et luy verifier cette fausse nouvelle,
Il ne falloit qu'offrir le sang que je tiens d'elle,
Avec quel doux plaisir je quitterois le jour,
Et par un acte sainct de devoir et d'amour,
Soit au fer, soit au feu, soit au poison reduitte,*
880 Mourant, reproduirois celle qui m'a produitte,
Et vous redonnerois, par un mal-heur si doux,
Celle qui souffrit tant pour me donner à vous!
      (*A Geronte.*)
Qui vous a dit encor ces frivoles nouvelles?

GERONTE

Deux yeux dont je réponds, et qui me sont fidelles.

AURELIE

885 On respond aisément où rien n'est à risquer;
Mais vos témoins sont vieux et prests de vous manquer.

Acte III

GERONTE, *la regardant attentivement.*

Vous avez bien raison, ne les pouvant seduire,
De les rendre suspects; car ils vous peuvent nuire.

AURELIE

890 C'est qu'ils sont dangereux, et pleins de tant d'attraits
Que l'on a grand sujet d'en redouter les traits.*

GERONTE

Quand soixante Soleils ont tourné sur nos testes,
Nos yeux n'ont plus dessein de faire des conquestes.
Je sçay bien que l'Amour veut plus d'égalité;
S'ils vous peuvent blesser, c'est par la verité.

AURELIE

895 Pourquoy? quel interest puis-je avoir de la craindre.

GERONTE

L'interest de tromper, de fourber, de bien feindre.

AURELIE   [p.82](*sic*)

Moy fourber, imposteur?

GERONTE

           Je n'imposeray rien.
Ne m'avez-vous point veu? considerez-moy bien.

AURELIE

Ce visage vrayment est fort considerable.
900 O le mauvais bouffon et le fol desplorable!

GERONTE

Quand une fourbe esclate, on s'emporte aisément,
Et la confusion oste le jugement.
Mais je la convaincray mieux que vous ma folie;
Ozez-vous, dittes-moy, passer pour Aurelie?

AURELIE

905 Quoy? vostre sang, mon pere, et vostre affection
Ne s'offencent-ils point de cette question?

GERONTE

J'ay bien sçeu qu'à ce mot je vous mettrois en peine;
Et ceste question est pour vous une gesne.
Aussi par quelle audace usurpez-vous chez luy   [p.83](*sic*)
910 La qualité, le nom et la place d'autruy,
Vous qui, simple servante en une hostellerie,
Dans Venise...

AURELIE

O mon pere!

GERONTE

                   Attendez, je vous prie!
Sous le nom de Sophie appelliez les passants...*

AURELIE

Doutez-vous maintenant qu'il a perdu le sens?

ANSELME

915 Dieux!

GERONTE

Et, quoy qu'en effet et si jeune et si belle,
Nous mettiez le couvert, apportiez la chandelle,
Teniez prests et nos lits et nos habillements?
Il n'en faut point rougir, vous sçavez si je ments.
Ne connoissez-vous pas Tyndare?

AURELIE

Quel Tyndare?

GERONTE [p.64]

920   C'est que je parle Arabe, ou Chinois, ou Tartare;
Ou vous pouviez servir dedans une maison
Sans en connoistre l'hoste et sans sçavoir son nom!

AURELIE

Vous peut-il divertir par cette extravagance?

GERONTE

Vous peut-elle fourber avec cette arrogance?
925   Elle qui dans Venise un mois entier et plus,
Affligé que j'estois d'un bras presque perclus,
M'a servy chez Tyndare?

ANSELME

Et s'appelloit...

GERONTE

Sophie.

ANSELME

Vous vous estes mépris: son nom est Aurelie.*
Mais leur rapport peut-estre a produit cette erreur.

AURELIE, *en colere.*

930 Souffrez...

ANSELME [p.65]

Non, contenez vostre jeune fureur.

AURELIE

Puis-je sans m'emporter souffrir cette imposture?*

ANSELME

On peut bien imposer, mais non à la Nature;
Quelque dol specieux qui la puisse assaillir,
935 Le sang est trop bon juge et ne sçauroit faillir.

GERONTE

Ainsi donc vous croyez quand on vous dissimule.

ANSELME

Je croy mon serviteur, et mon sang, et mon fils.

GERONTE

Ne me reputez plus du rang de vos amis;*
Ou croyez-moy blessé d'une folie extréme,
940 Si vous n'estes trompé d'eux, d'elle et de vous-méme.
Quelque trame s'ourdit: prevenez-en l'effet,
Et craignez...Voyez-vous quel signe elle me fait?

AURELIE

Moy, signe? infame, traistre! ha Dieu! je desespere
De devoir par respect contenir ma colere,
945 Et n'estre pas d'un sexe où de ta trahison,
Aux despens de mon sang, je pûsse avoir raison!
Faut-il qu'un scelerat impunément m'affronte!
(*Elle r'entre.*)

ANSELME

Ne vous emportez point, rentrez; et vous, Géronte,
Laissant ce different pour une autre saison,
950 Venez vous délasser; et prenez ma maison,
Attendant...

GERONTE

        Je ne puis; permettez-moy, de grace,
De voir quelqu'un des miens.

ANSELME

                    Laissez- nous donc Horace,
Tant qu'on soit prest chez vous à vous bien recevoir.

GERONTE

Je le veux.
      (*Il parle à Horace.*)
Mem.

HORACE

   Bel sem.

GERONTE

   Adieu, jusqu'au revoir.
   (*Il s'en va.*)

SCENE IV

ANSELME, HORACE.

ANSELME

955 O Rencontre à la fois et propice et fatale!*
Quelle confusion à la mienne est égale!
Quand je croy que Constance a perdu la clarté,
Je reconnois sa main qui prit ma liberté;
Et si j'ay d'Aurelie observé le visage,
960 Il ne rend pas pour elle un heureux témoignage,
Et dans ses changements a mal dissimulé;
Joint qu'Ergaste est un fourbe entre tous signalé,
Qui peut pour mon argent m'en avoir fait à croire,
Et qui plus il m'attrappe, et plus il s'en fait gloire
965 En debauche Lelie, et croit bien reüssir.
Mais s'il faut...Les voicy, je m'en veux éclaircir.

SCENE V

LELIE, ERGASTE, ANSELME, HORACE.

ERGASTE, à Lelie

Ne vous hastez point tant, c'est pour toute la vie;
Et deux nuits vous feront en passer vostre envie.

ANSELME

Qu'est-ce?

ERGASTE

Il vous veut presser, et treuve que ce soir
970 Est un terme trop long pour un si cher espoir.

ANSELME

Peu de temps reglera l'amour qui vous transporte.
(A *Ergaste*.)
Mais viença, qui t'a dit que ma femme estoit morte?
Quant, à Constantinople as-tu porté tes pas?
Tu t'accuses, perfide, en ne répondant pas:
975 Qui hesite est surpris et medite une excuse.

LELIE

Ergaste, et viste, un mot, un détour, une ruse!

ERGASTE

Adieu mon personnage!

LELIE

Et tost!

ERGASTE

J'ay beau réver;*
Si vous ne me soufflez, je ne puis l'achever.

LELIE

Dieux! que feray-je? Ergaste a bout de son adresse!

ERGASTE

980 Source d'infirmitez, déplorable vieillesse,*
Plus je veux penetrer tes abysmes profonds,
Plus je te considere, et plus je me confonds!
Comme un logis tombant accable qui l'habite,
Tu faits qu'avec le corps l'esprit se debilite,
985 Que le temps avec l'âge emporte la raison,
Et que l'hoste renverse avec la maison.*

ANSELME

Que veux-tu dire enfin?

ERGASTE [p.70]

    Que vostre défiance
Fait que vous avez trop et trop peu de creance;
Et que cette foiblesse est un effet du temps,
990   Qui pour nostre malheur marque vos derniers ans.
Qui vous fait croire autruy contre nostre parole?
Qui vous a dans l'esprit mis ce soupçon frivole?

ANSELME

Geronte, un mien amy...

LELIE

    Ne te relâche pas.*

ANSELME

Qui, de Constantinople arrivé de ce pas,
995 Pendant un tour ou deux qu'il fait pour ses affaires,
M'a laissé ce sien fils racheté des Corsaires,
M'asseure d'avoir veu Constance à son depart,
Et de plus m'a rendu cet écrit de sa part,
Dit qu'il n'a rien au vray pu sçavoir d'Aurelie,
1000 Mais elle la croit morte.

LELIE

    O fortune ennemie!
Qui jusques en Turquie as esté susciter [p.71]
Des moyens et des gens pour nous persecuter!

ANSELME

Et soustient qu'à Venise, en une hostellerie...

Acte III

LELIE

Dieux!

ANSELME

    Il a veu servir, sous le nom de Sophie,
1005   Celle qui d'Aurelie usurpe icy le nom.

ERGASTE

    Il vous en a bien dit! j'ay tort, s'il a raison;
Mais il est bien-aisé de vous faire paroistre
Que les fourbes sont ceux qui m'accusent de l'estre;
Et je veux que son fils vous demeure d'accord...

ANSELME

1010   De quoy?

ERGASTE

        Que j'ay raison et que Geronte a tort.
    (*A Horace.*)
Viença, ne nous ments point: sur quelle conjoncture
Ton pere avance-t-il cette noire imposture?
Voyez-vous qu'il se trouble, et dit en se taisant
Que son pere est un traistre, un fourbe, un médisant?

ANSELME [p.72]

1015   Il n'entend pas la langue, et ne peut te répondre.*

ERGASTE

    Et bien, luy parlant Turc, je sçay bien le confondre.*
Cabrisciam ogni Boraf, embusaim Constantinopola?

LELIE

O rare, ô brave Ergaste!

HORACE

Ben Belmen, ne sensulez.

ANSELME

Et bien, que veut-il dire?

ERGASTE

Qu'en vous en imposant son pere a voulu rire,
Qu'il est d'humeur railleuse, et n'a jamais esté
1020   En Turquie.

ANSELME

En quel lieu l'a-t-il donc racheté?*

ERGASTE, *à Horace.*

Carigar camboco, ma io ossansando?

HORACE   [p.73]

Bensem, Belmen.

ERGASTE

A Lipse en Negrepont.

ANSELME

O teste vielle et folle!*
Sçachez par quel chemin ils sont venus à Nole.*

ERGASTE

Ossasando, nequei, nequet, poter lever cosir Nola?

HORACE

Sachina, Basumbasce, agrir se.

ERGASTE

Il dit qu'on vient par mer, sans passer par Venise.

ANSELME

  La froide raillerie et la franche sottise,
1025 De venir de si loin, et si mal à propos,
  Rire aux dépends des morts et troubler leur repos!
  Quel siecle, quelles moeurs et quelle frenesie!

ERGASTE [p.74]

  Il faudroit faire un monde à vostre fantaisie!
  N'est-ce pas de tout temps, et non pas d'aujourd'huy,
1030 Que tousjours quelque fou rit aux dépends d'autruy?
  Au reste, en Negrepont, c'est un art ordinaire
  D'imiter l'écriture et de la contrefaire;
  Et s'en estant instruits, ils peuvent aysément,
  Ou pour en éprouver le divertissement,
1035 Ou pour tirer de vous quelque reconnoissance,
  Avoir falsifié la lettre de Constance.

ANSELME

  J'ay crû qu'il avoit beu; ses yeux étincellants,
  Sa face enluminee et ses pas chancelants
  Sembloient tacitement en rendre témoignage;
1040 Le feu sembloit sur tout luy sortir du visage;
  Et le vin qu'il souffloit m'a porté jusqu'au nez.

ERGASTE

Je le sçauray bien-tost.

(*A Horace.*)   Viença.
Siati cacus naincon catalai mulai?

HORACE

Vare hecc.

ERGASTE

                        Vous devinez.
Il dit qu'ils sont entrez dans une hostellerie, [p.75]
Où, trinquant à l'honneur de leur chere patrie,
Et d'un peu de bon temps regalant leurs esprits,
1045   Son pere en a tant pris qu'il s'en est treuvé pris,
Qu'il n'en a pû sortir sans une peine extréme,
Et ne pouvoit porter ny son vin ny soy-mesme.

ANSELME

T'en a-t-il pû tant dire en si peu de propos?

ERGASTE

1050   Oüy, la langage Turc dit beaucoup en deux mots.*

LELIE

O tres-illustre Ergaste! esprit inimitable!
Sans toy nostre ruine estoit inévitable.

ANSELME

Il vouloit rire enfin, et j'attends son retour
Pour luy rendre la piece et pour rire à mon tour.

1055 Ameine Eraste icy; va tost. Et vous, Lelie,
Allez voir Eroxene, et disposez Orgye
A consentir ce soir le succez de vos voeux.

ERGASTE, *s'en allant.*

La defaite est plaisante, et la duppe en vaut deux!*

SCENE V (*sic*)

GERONTE, ANSELME, HORACE

ANSELME

Le voila.

GERONTE

Grace au Ciel, à mes souhaits prospere,
1060 Ayant passé chez moy j'ay rencontré mon frere,
Qui me sollicitant d'accepter son logis,
M'oblige à revenir pour reprendre mon fils.
J'en usois librement; excusez, je vous prie.

ANSELME

1065 Geronte, un mot, de grace: apprend-on en Turquie
Ou dans le cabaret à joüer ses amis?

GERONTE

En l'un ny l'autre lieu je ne l'ay point appris;
Ce n'est point mon humeur.

ANSELME

Non! ma fille servante,
Un voyage en Turquie, et ma femme vivante!
Tout ce conte à plaisir est une verité?*

GERONTE

1070 Je ne fais point de conte, et n'ay rien inventé.

ANSELME

Vous avez, dittes-vous, veu Constance en Turquie?
Vous osez soustenir qu'Aurelie est Sophie!
Vous parlez de Venise! et vous avez le front,
N'ayant qu'esté par mer de Nole en Negrepont,
1075 De dire...

GERONTE

En Negrepont! ô Dieu, la vaine fable!

ANSELME

Vostre fils, qui l'a dit, n'est donc pas veritable?

GERONTE

Quoy, sans sçavoir la langue, il peut vous l'avoir dit?

ANSELME

Il nous a parlé Turc, que mon valet apprit
Sejournant sur les lieux pour racheter ma femme.

GERONTE, *à Horace.*

1080 *Soler?*

HORACE

Man.

Acte III

ANSELME [p.78]

Et bien plus, (chose à vostre âge infame),
Que vous avez tantost treuvé le vin si bon
Que vous n'en avez pas oublié la raison,
Mais en faisant trop, l'avez bien égarée;
Vos discours m'en estoient une marque asseurée.

GERONTE, à Horace.

1085   Dieu! qu'entends-je?

Jerusalas, adhuc moluc acoceras maristo, viscelei,
Huvi havete carbulach.

HORACE

Eracercheter biradam suledi, ben belmen, ne sulodij.

GERONTE, à Anselme.

Croyez que vostre serviteur
Doit estre un maistre fourbe, un insigne affronteur!

ANSELME

Que vous dit-il encor?

GERONTE

Qu'il n'a pû rien comprendre
A ce qu'un de vos gens luy vouloit faire entendre.

ANSELME [p.79]

M'auroit-il attrappé? le traict seroit subtil!
1090   Mais, s'il ne l'entendoit, que lui répondoit-il?

GERONTE, à Horace.

Acciam sembiliir bel mes, mic sulmes?

HORACE

Acciam bien croch soler, sen belmen, sen croch soler.

GERONTE, *à Anselme.*

Qu'il ne l'entendoit point, et croy que son langage
N'estoit qu'un faux jargon qui n'est point en usage.
Croyez encor un coup qu'il est un faux vaut rien,
Un fourbe, un archi-fourbe, et gardez-vous en bien.
Je vous suis inutile, et vais treuver mon frere.
Adieu.

ANSELME

Jusqu'au revoir; le Ciel vous soit prospere.

GERONTE, *à Horace, s'en allant.*

Ghidelum anglan Cic!

HORACE, *le suivant.*

Ghidelum Baba!

SCENE VI (*sic*)

ANSELME

De leurs filets enfin je n'ay pû m'affranchir.*
La prudence n'est pas ce qui me fait blanchir;
Avec mes cheveux gris, avecques ma viellesse,
Je treuve que je perds et finance et finesse,
Et, duppé que je suis, interdit et confus,
Perdant encor le sens, ne perdrois guieres plus.
Ils m'ont tous affronté, chacun d'eux y conspire;
Mais si je ne m'en venge, ils auront lieu d'en rire;
Et surtout on verra rougir de mon affront
Les espaules d'Ergaste, aussi bien que mon front.

ACTE IV [p.81]

SCENE PREMIERE

LELIE, ERGASTE

ERGASTE

    Grace au Ciel, la tempeste enfin s'est appaisée,*
    Ce vent impetueux s'est reduit en rosée;
    Et j'ay de vostre sort avec art redressé
1110   L'edifice penchant et presque renversé.

LELIE

    Ce malheureux vieillard, sans dessein de nous nuire,
    Et d'une ame ingenuë, a pensé tout détruire;
    Mais ton langage Turc en a paré le coup.

ERGASTE

    Une fourbe à propos quelquesfois vaut beaucoup.*
1115   Je ne sçay quel genie, en ce besoin extréme, [p.82]
    Me dictoit un jargon que j'ignore moy-méme;
    Mais je suis asseuré que je ne luy parlois
    Persan, Turc, Esclavon, Arabe ny Chinois,
    Et que s'il m'eut enquis du chemin de Turquie,
1120   J'eusse esté bien meslé dans ma Geographie;
    J'eusse bien veu du monde et, sans sçavoir par où,
    Arpenté le Jappon, l'Egypte et le Perou.
    Enfin...Mais qu'est cecy? Cette femme, à sa mine,
    Doit de Turquie encor estre une pellerine.*
1125   Je croy que le grand Turc, né pour nous tourmenter,*
    Les envoye à dessein pour nous persecuter.

SCENE II

CONSTANCE, LELIE, ERGASTE.

CONSTANCE, *vestuë à la Turque.*

Obligez-moy, messieurs, de me tirer de peine.
Anselme est-il vivant?

ERGASTE

Ma doute n'est pas vaine;
Les Turcs sont aujourd'huy déchainez contre nous.   [p.83]

LELIE

1130   Il se porte bien; que luy desirez-vous?*

CONSTANCE

Et Lelie, un sien fils?

LELIE

Mieux encore que son pere.*

CONSTANCE

Qu'avec juste raison, ô Ciel, je te revere,
Et que je suis tenuë à ta rare bonté!

LELIE

Quel sort vous interesse encor en leur santé?

CONSTANCE

1135   Helas! j'ay grand sujet d'en paroistre ravie.

Acte IV 71

ERGASTE

Ne voila pas encor des traits de la Turquie!
Ce mal-heureux païs, si fatal aux Chrestiens,
Si fertile en tous maux, si sterile en tous biens!
Quel bonne office enfin ont-ils lieu de vous rendre, [p.84]
1140 Et quel est vostre nom? ne pouvons-nous l'apprendre?

CONSTANCE

Ma venuë a tous deux importe au dernier poinct;
Mais c'est un interest qui ne vous touche point.

LELIE

Plus que vous ne pensez, puis que je suis Lelie.

CONSTANCE, *l'embrassant.*

1145 Lelie! à qui le sang d'un si cher noeud me lie!
L'heureux fruit de mes voeux, de mon lit, de mon flanc!
Lelie enfin! mon fils et le sang de mon sang!

ERGASTE

Voila le coup fatal qui nous met hors d'escrime!
Et nous voila tombez d'un gouffre en un abysme!

LELIE

Quoy! vous estes ma mere! ô dure loy du sort,
1150 Qui mesles l'amertume à cet heureux transport,
Et dont l'ordre fatal veut que dans la Nature
On ne gouste jamais de douceur toute pure!
En recouvrant un bien qui m'est si precieux,
Je perds le plus grand bien que je tenois des Cieux.
1155 Pour voir ma mere, helas! j'eusse exposé ma vie, [p.85]
Et voudrois, la voyant, qu'elle me fut ravie;
Ce m'est un desespoir sensible au mesme poinct

Que l'ennuy de la voir et de ne la voir point.
Quoy! vous estes Constance?

CONSTANCE

Oüy, cette infortunée,
1160 Qui croyoit aujourd'huy sa misere bornée,
Et qui, par la froideur dont vous la recevez,
Voit ses malheurs changez et non pas achevez.
Quel temps, injuste sort, terminera ta rage,
S'il ne luy suffit pas de seize ans de servage,*
1165 S'il faut qu'apres des fers portez si constamment
La liberté pour moy soit encor un tourment!
Ne puis-je apprendre au moins l'ennuy qui vous possede,
Afin que, le causant, j'en cherche le remede?
Le mal me sera doux d'où naistra vostre bien,
1170 Et pour vostre repos j'altereray le mien!

LELIE

Je ne puis declarer mon ennuy sans l'accroistre
Et mon seul desespoir vous le fera connoistre.
Entrez, ma chere mere; il est plus qu'à propos
Qu'à seize ans de travail succede le repos.
1175 Mais, vous le souhaittant, moy-mesme je m'en prive; [p.86]
Vous me mettez aux fers, cessant d'estre captive;*
Vous revenez à Nole et vous m'en bannissez.
Entrant en la maison, enfin vous m'en chassez.

CONSTANCE

Croyez qu'il n'est pour moy servage si sensible
1180 Que celuy que j'aurois de vous estre nuisible;
Je puis encor souffrir les maux que j'ay souffers,
Et retreuver les lieux où j'ay laissé mes fers.

LELIE

En vous le declarant, je perdrois vostre estime
Et, coupable envers vous, n'ose avoüer mon crime.*

CONSTANCE

1185 Les fautes des enfans blessent legerement;*
Une larme, un soûpir, les efface aisement.

LELIE

Si, loin de m'en haïr et de m'estre contraire,
Je pouvois esperer vostre aide envers mon pere,
Je vous avoüerois tout. Mais, helas!

CONSTANCE

Point de mais;
1190 Rien ne peut alterer ce que je vous promets.
Je ne reserve rien, et je seray ravie   [p.87]
De vous pouvoir servir aux dépens de ma vie.

LELIE

O rare excez d'amour, et qui ne m'est point dû!
Je vous parleray bas, de peur d'estre entendu.*
(*Il luy parle a l'oreille.*)

ERGASTE

1195 Plus je rumine enfin contre cette disgrace,
Plus ma foible raison s'égare et s'embarasse;
J'en examine tout, et par tout je n'y voy
Que du mal pour Lelie et du peril pour moy;
Rien ne peut garantir mes mains ou mes espaules
1200 Du malheur de la rame ou de celuy des gaules.
Apres tant d'accidents survenus pour un jour,*
Je renonce au mestier de conseiller d'amour,
Et ne me puis assez promettre d'industrie
Pour parer tous les coups qui viennent de Turquie;*
1205 Tousjours, au pis aller, quelques coups de baston,
Ou quelque an de galere en feront la raison.

CONSTANCE

Dieux! et c'est là d'où naist vostre melancolie!
Si je dis qu'en effet Sophie est Aurelie,
Serez-vous satisfait?

LELIE [p.88]

     Vous me rendrez le jour,
1210 Que, sans cette faveur, m'ostoit vostre retour.

CONSTANCE

Vostre Hymen l'admettant dedans nostre famille,
Dés à present, mon fils, je la tiens pour ma fille.
Helas! ignorez-vous les tendres sentiments
Des meres pour leurs fils, et pour leurs fils amans,
1215 Et leurs soins assidus pour eux envers leurs peres?

ERGASTE

O la divine femme! ô rare honneur des meres!
Il est donc à propos de la voir du mesme oeil
Et de la recevoir avec le mesme accueil
Qu'on pourroit esperer pour vostre fille mesme.

CONSTANCE

1220 Mon esprit n'est pas grand, ny mon adresse extréme,
Mais outre que mon sexe, pour franchement parler,
Est plus sçavant que l'autre à bien dissimuler,
Pour servir à son sang il n'est point d'avanture
Où l'art puisse employer tant d'art que la Nature.
1225 Entrons, et vous verrez que pour vostre repos
Je sçauray faire, dire et me taire à propos.

Acte IV

ERGASTE

Pour ne rien hazarder, n'entrez point que Sophie,
Par mes instructions amplement advertie,
Ne se soit preparée à feindre avecques vous.*
1230   Je feray cependant descendre vostre espoux.

LELIE

Fay donc.

SCENE III

LELIE, CONSTANCE

LELIE

    C'est à present que le sang me convie,
O flambeau de mes jours et source de ma vie,
A m'abandonner tout à l'aymable transport
Que l'amour ne m'a pû permettre à vostre abord!
1235   Et certes je puis dire, apres cette avanture,
Que je suis moins à vous par les droicts de Nature
Que par l'étroit lien et l'obligation
Que produit cet excez de vostre affection;
Qu'en me donnant la vie et le jour qui m'éclaire,
1240   Vous vous acquistes moins le titre de ma mere
Qu'en me les conservant, et qu'en m'ostant l'ennuy
Qui, (sans vostre faveur), m'en privoit aujourd'huy.

CONSTANCE

Cette faveur, mon fils est peu considerable,
Puis que vous obliger est m'estre favorable.

SCENE IV

ANSELME, CONSTANCE, LELIE.

ANSELME, *embrassant Constance.*

1245 Cher tresor de mon coeur, tant de fois desiré,
Chaste moitié d'un tout si long-temps separé,
Constance, aimable objet de ma constance extréme,*
Est-ce vous, ma chere ame? ou bien suis-je moy-méme?
Oüy, c'est vous, mon coeur reconnoist son vainqueur
1250 Au cher pourtrait qu'Amour m'engrave dans le coeur.

CONSTANCE [p.91]

O Dieu! quel interest on tire de sa perte,
Apres l'avoir pleurée et qu'on l'a recouverte!
Le bien de vous revoir a pour moy des appas
Que je crains de songer et ne posseder pas.

ANSELME

1255 Mon transport par mes pleurs vous témoigne les charmes.

CONSTANCE

Et par mes pleurs aussi je réponds à vos larmes.

ANSELME

Deserts tousjours de glace et de neige couverts,
Froids et tristes joüets des rigueurs des hyvers,
Pologne, où je vivois separé de mon ame,*
1260 Helas! que ton sejour fut fatal à ma flâme!
Qu'à tort je voulus voir cet objet de mes voeux
Sous les mornes climats de ton sein froidureux!
Et que l'effet trop prompt de vostre obeïssance
M'a cousté de sanglots, ô ma chere Constance,

	Acte IV

1265 Depuis que les rapports d'Ergaste et de mon fils,
(Pour vostre liberté par mon ordre commis),
M'apprirent, (contre l'heur que le Ciel me r'envoye),
La fin de vostre vie et celle de ma joye.

CONSTANCE [p.92]

    Ils pûrent en Turquie apprendre mon trépas,
1270 Et trompez les premiers, ne vous abusoient pas,
Puis que le sort, qui mist ma franchise en commerce,
Voulut qu'assez long-temps je fusse esclave en Perse,
D'où le bruit de ma mort chez les Turcs s'épandit,
Tant que ce mesme sort de nouveau m'y rendit.*

LELIE

1275 La verité, mon pere, enfin nous justifie.

ANSELME

Elle est trop manifeste; appellez Aurelie.
    (*Lelie sort.*)
Il est juste qu'ayant partagé nostre ennuy,
Elle ait part au bon-heur qui le suit aujourd'huy.

CONSTANCE

    Aurelie en ces lieux! ô bonté souveraine,
1280 Que du sort ton amour me repare la haine!

ANSELME

Quelle heureuse advanture a pû rendre à mes yeux,
Apres seize ans d'absence, un bien si precieux?

CONSTANCE

De mes longues erreurs la déplorable histoire
Veut et beaucoup de temps et beaucoup de memoire;

1285 Je ne puis à present que vous dire en deux mots [p.93]
      Que le Ciel, dont les soins veilloient pour mon repos,
      A voulu que Selim, à qui je fus venduë,
      En faveur d'une charge ardemment pretenduë
      De Maistre du Serail, ou *Bostamgirassy*,*
1290 (Où ses pretentions ont enfin reüssy),
      A tous ses serfs Chrestiens ait donné la franchise.

ANSELME

      A quel poinct, juste Ciel, ton soin nous favorise!
      (*Aurelie entre avec Ergaste et Lelie.*)
      Approchez-vous, ma fille. O! comme à cet abord
      Le sang fait son office en ce commun transport!*
      (*Elles s'embrassent.*)
1295 Quel heur passe aujourd'huy celuy de ma famille!

SCENE V

AURELIE, ANSELME, CONSTANCE
LELIE, ERGASTE

AURELIE

      Quoy, ma mere, c'est vous?

CONSTANCE

                                C'est vous, ma chere fille?
      Quoy! l'oeil qui tant de fois pleura vostre trépas [p.94]
      Vous retreuve aujourd'huy plaine de tant d'appas!
      Et ce beau corps enferme encor cette belle ame!

LELIE

1300 Elle feint bien, Ergaste!

Acte IV

ERGASTE

O Dieu, l'habille femme!*

AURELIE

Ha! qu'il est vray qu'un bien ardemment desiré
Nous est d'autant plus cher qu'il est moins esperé!
Quel doux plaisir succede à ma melancholie!
J'ignore en ce transport si je suis Aurelie!*

CONSTANCE

1305   Je n'ay treuvé mes maux ny mes fers importuns
Tant qu'avec vous, ma fille, ils m'ont esté communs;
Mais vostre éloignement me fit sentir mes peines,
Et connoistre à mes bras le fardeau de mes chaines.

ERGASTE, *à Lelie.*

Peut-elle avec tant d'art laisser aucuns soupçons?
1310   Je n'en faits point le fin, j'en prendrois des leçons.

CONSTANCE

Quelle adventure enfin à mes voeux si prospere,
Quand je vous croy si loin, vous rend chez vostre pere?

ANSELME

Pour de si longs travaux il faut de longs discours,
1315   Et pour vous tout conter des jours seroient trop courts.
Entrons, ma chere femme; amenez-la, Lelie.
Pour presser le disner, j'entre avec Aurélie.

SCENE VI

ERGASTE, CONSTANCE, LELIE

ERGASTE

    Je croyois sçavoir feindre et m'en escrimer bien;
    Mais j'avouë aujourd'huy que je n'y connois rien,
    Et qu'il faut que mon art cede à vostre adresse.
1320   Madame, le effets ont passé la promesse;
    En voyant vos transports, moy-mesme j'ay douté
    Si vostre feinte estoit ou feinte ou verité.*

LELIE [p.96]

    A voir de quel abord vous l'avez accueillie,
    Le plus judicieux eut crû voir Aurelie!

CONSTANCE

1325   Il en eut eu raison, puis qu'elle est vostre soeur,
    Et que ces sentimens d'amour et de douceur
    Ne partent point, mon fils, d'un coeur qui dissimule.

LELIE

    O Dieu. que dittes-vous?

ERGASTE

                  Estes-vous si credule?*
    Et ne voyez-vous pas que, pour nous signaler
1330   Et sa rare industrie et l'art de l'étaler,
    Elle voudroit encor, par cette adresse extréme,
    Vous tenir en suspends et vous tromper vous-mème,
    Comme on voit au Theatre un excellent Acteur*
    Rendre un ouvrage feint douteux à son Autheur.

CONSTANCE

1335 Je voudrois vous mentir, mais je ne le puis faire.

LELIE

Quoy! Sophie est ma soeur.

CONSTANCE [p.97]

Comme moy vostre mere.
Le flanc qui vous porta fut son premier sejour;
Comme il vous mit au monde, il luy donna le jour.

LELIE

O déplorable effet de ma triste fortune,
1340 Qui ne sçait m'obliger que pour m'estre importune,
Qui ne me peut souffrir de biens qu'infortunez,
Dont les plus chers presens me sont empoisonnez,
Qui, sous couleur d'Hymen, me rend par un inceste*
Le succés de mes voeux detestable et funeste!
1345 Estrange evenement d'un bon-heur si parfait!
Quel supplice assez grand expiera mon forfait?
Quoy! je puis estre, (ô tache à vostre sang infame),
Et mary de ma soeur et frere de ma femme,*
Pere de mes neveux, oncle de mes enfans!
1350 Et vostre gendre enfin est sorty de vos flancs!

CONSTANCE

Ayant crû contracter un Hymen legitime,
Vous n'avez point peché; l'erreur n'est pas un crime*
Et n'a point fait d'outrage à ses chastes appas,
Pourveu qu'à l'advenir vous n'en abusiez pas.

LELIE [p.98]

1355 Incroyables plaisirs, felicité passée,*
Ne conserver de vous que la seule pensée!

Te bannir de mon ame, ô ma chere passion!
Renoncer au bonheur de ta possession!
Te perdre, te quitter, ô ma chere Aurelie!
1360 Ha! perdons, renonçons, quittons plûtost la vie!

CONSTANCE

Nole vous peut fournir assez d'autres beautez,
Pour changer vos liens, si vous ne les quittez.

LELIE

L'Amour ne peut changer le beau noeud qui me lie,
Sans changer Aurelie en une autre Aurelie.*
1365 Je doute quel des deux est moins m'assassiner,
Ou de la retenir, ou de l'abandonner;
Et ce m'est une peine également cruelle
Que de vivre avec elle et de vivre sans elle.
O! que l'esprit humain discourt ignoramment,
1370 Lors que son seul instinct conduit son jugement!
Mon coeur surpris d'abord et ma raison esmuë
Ne purent discerner, à sa première veuë,*
Les mouvemens du sang d'avecques ceux d'amour,
Et cet aveuglement me coustera le jour.
1375 Je ne puis accorder mon sang avec ma flâme: [p.99]
Je recouvre une soeur et je perds une femme;
Et toy, divine soeur, par cet evenement,
Tu recouvres un frere, et tu perds un amant.
Mon sang à mon amour fait un juste reproche:
1380 Si je te l'estois moins, je te serois plus proche;
Tu m'es trop et trop peu; mon mal naist de mon bien,
Et tu m'as tant enfin que tu ne m'es plus rien.
Quel conseil dois-je suivre en ce desordre extréme?
De vous quitter, ma mere, et me quitter moy-méme,
1385 Puis que me separer d'un bien qui m'est cher,
Est à moy-méme, helas! moy-méme m'arracher.
Souffrez-moy sans regret hors de vostre famille;
En vous ostant un fils, je vous rends une fille,
Et, par la triste loy qui condamne mes feux,

1390 Vous ne pouvez sans crime y souffrir qu'un des deux.*

CONSTANCE

O sort! pourquoy m'as-tu, sous espoir d'allegresse,
Fait remplir ma maison d'opprobre et de tristesse?
Rends-moy plûtost, cruel, les maux que j'ay souffers.
O funeste franchise et regrettables fers!

ERGASTE

1395 Madame, entrez, de grace, et craignons que son pere
N'apprenne un accident à ses voeux si contraire;
Je sçauray l'arrester.
(*Elle entre.*)

SCENE VII

LELIE, ERGASTE

LELIE

Adieu, toy, dont le soin
M'a si souvent esté si propice au besoin.
Le sort à mes malheurs adjouste l'impuissance
1400 D'en produire les fruits par ma reconnoissance;
Mais si le souvenir joint à l'affection
Acquitte en quelque sorte une obligation,
Croy que tu ne me peux blasmer d'ingratitude
Et que, si le destin ne m'eut esté si rude...

ERGASTE

1405 Helas! n'achevez point. De quels traits de douleur,
De crainte et de pitié vous me percez le coeur!
Si mon affection et mon obeïssance
Meritent quelque estime ou quelque recompense,
Celle que je demande est de mieux consulter*

1410   Ce que le desespoir vous fait precipiter.
        Prenons l'advis d'Eraste; en un malheur extréme, [p.101]
        On est mal conseillé, ne croyant que soy-mesme;
        C'est un mal dangereux qu'un si prompt desespoir,
        Et pire que celuy qui le fait concevoir.

LELIE

1415   Quoy que le voir nous soit une inutile peine,
        Je te veux contenter.

SCENE VIII

ERASTE, EROXENE

ERASTE, *venant du costé et Eroxene de l'autre.*

Le Ciel, belle Eroxene,
Vous comble d'autant d'heur et de prosperité
Que sur vostre visage il a mis de beauté.

EROXENE

        Le mesme Ciel, perfide, ou te comble ou t'accable
1420   De tous les chastimens dont un traistre est capable!

ERASTE [p.102]

De quelle injure, helas! payez vous mes souhaits!

EROXENE, *s'en allant.*

Retire-toy, perfide, et ne me voy jamais.

SCENE IX

ERASTE, *seul.*

    Quel courroux, juste Ciel! quelle fureur l'enflâme!
    Quel tygre est si cruel que la plus belle femme,
1425   Quand, de quelque façon ou de quelque dépit,
    Ou l'amour ou la haine alterent son esprit?
    Quelqu'un m'auroit-il pû desservir aupres d'elle
    Et luy rendre suspecte une ardeur si fidele?
    Ce sexe est plus que l'air et leger et mouvant,*
1430   Et qui conçoit de l'air ne produit que du vent.

SCENE X [p.103]

LYDIE, ERASTE

LYDIE

Le voila, l'affronteur.

ERASTE

    Lydie, un mot, de grace.*

LYDIE

Ha! ne m'arrestez point, traistre, avez-vous l'audace
De paroistre à mes yeux?

ERASTE

    Parles-tu tout de bon?

LYDIE

    Perfide, en doutez-vous? n'en ay-je pas raison?
1435   Où sont ces beaux projets, ces ardeurs tant vantées?

86 La Soeur

ERASTE [p.104]

L'une et l'autre me jouè, et se sont concertées.

LYDIE

Laisser une beauté qui luy vouloit du bien,
D'un peuple médisant la fable et l'entretien,
Est sans doute un exploict bien digne de memoire,
1440 Et pour un Gentilhomme un beau sujet de gloire!

ERASTE

Au nom d'Amour, Lydie, écoute moy; deux mots.

LYDIE

J'en ay trop écouté, traistre, pour son repos,
Et pour l'honneur encor de toute sa famille.
Ha! s'il me fut jamais déplaisant d'estre fille,
1445 C'est à present, ingrat, que de ces foibles mains*
Je ne puis t'arracher ces yeux trompeurs et vains,
Et que j'aurois besoin, ame double et traistresse,
(*Orgye paroist, qui les voit parler ensemble.*)
Des forces de ton sexe à punir ta foiblesse!

ERASTE

Quoy! je n'obtiendray pas de parler un moment?

LYDIE, *s'en allant.*

1450 Non, tu m'offencerois d'un adieu seulement.

ERASTE [p.105]

Quelque envieux, sans doute, a desservy ma flâme.
Consultons-en Lelie.

Acte IV

SCENE XI

ORGYE, LYDIE

ORGYE

Adieu donc, bonne Dame!

LYDIE

Il est vray, je suis bonne, et croy, sans me vanter,
N'avoir point jusqu'icy donné lieu d'en douter.

ORGYE

1455   L'estat où je te treuve au moins le justifie;
Vous parliez ou d'Eglise ou de Philosophie?

LYDIE

Quel grand mal ay-je fait? Ne peut-on sans soupçon,
En passant seulement, saluer un garçon?

ORGYE   [p.106]

Non, tout ce vain salut n'est que franche cabale,
1460   Qui n'est point sans dessein, non plus que sans scandale;
Et j'ay tousjours appris que jamais suborneur
De fille de maison n'a corrompu l'honneur
Que par l'intelligence et par le ministere
Tantost de sa servante et tantost de sa mere.
1465   C'est toy qui, de ma niece animant les souhaits,
Luy portes l'ambassade et luy rends les poulets,
Qui, traictant pour Eraste, as enfin, malheureuse,
Mis aux termes qu'elle est leur ardeur amoureuse!

LYDIE

Vous payez d'une belle et rare qualité
1470   Quatorze ans de service et de fidelité.

ORGYE

Tu reconnois bien mieux l'honneur qu'en ma famille
On t'a tousjours rendu comme à ma propre fille.

LYDIE

Si cet honneur m'est grand, le bon-heur de m'avoir
Est le plus grand aussi qu'elle ait pû recevoir.

ORGYE

1475 Ailleurs que dans la ruë, indiscrette, impudente,
Je te ferois cracher cette langue impudente*
Et r'entrer dans le sein cet orgueilleux propos.   [p.107]
Mais vien, dans la maison nous en dirons deux mots.

LYDIE

Je n'y rentreray point apres cette menace;
1480 L'estime où l'on m'y tient visiblement m'en chasse.

ORGYE, *la tirant par les cheveux.*

Je t'obligeray bien d'y rentrer malgré toy.
Allons, fripponne.

LYDIE

A l'ayde! ô Ciel, secourez-moy!

ORGYE

Entre, infame, entre, et croy qu'au déclin de mon âge,
Je n'ay point tant perdu de force et de courage
1485 Qu'il ne m'en reste encor assez pour me vanger,
Pour me faire obeyr et pour te bien ranger.

ACTE V

SCENE PREMIERE

LYDIE, seule, sortant en colere.

    Je serois bien sans coeur, sans honneur et sans ame,
Si, me voyant traictée et d'esclave et d'infame,
Noire de coups de pieds, de poings et de baston,
1490   M'en pouvant ressentir, je n'en tirois raison!
On a gagné la mort par ses mauvaises graces;
La rouë et les gibets sont ses moindres menaces!
Mais si dés aujourd'huy je ne m'en satisfaits,
Je ne veux que ma langue à servir mon courage,
1495   Et des pieds et des poings me reparer l'outrage,
Ma vengeance dépend seulement de deux mots.
Allons chercher Anselme. Oh! qu'il sort à propos!*

SCENE II

LYDIE, ANSELME

LYDIE

    Puis-je obtenir, Anselme, un mot d'audience,
1500   Et pour vostre interest et pour ma conscience?
Je ne vous veux qu'un mot.

ANSELME

Parle, j'en suis content.

LYDIE

Je vous viens declarer un secret important,
Qui comble d'autant d'heur la fin de vostre vie
Qu'il doit de desespoir combler celle d'Orgye.

ANSELME

1505 Tu sçais qu'on ne doit pas, sans des sujets bien grands,
Entre deux vieux amis semer des differends;
Car apres quelque éclat, quand moins on le presume,*
Leur courroux s'éteignant, l'amitié se r'allume,
La paix renaist entr'eux; mais du donneur d'advis   [p.108](sic)
1510 Ils deviennent tous deux les communs ennemis.

LYDIE

Apres le beau payement dont il m'a satisfaite,
L'estat qu'il fait de moy, les coups dont il me traitte,
Je ne pretends plus rien en son affection,
Et sçay que vous m'aurez une obligation.

ANSELME

1515 Parle donc, je t'entends.

LYDIE

Vous sçaurez qu'Aurelie,
Dont le rachapt cousta tant de pas à Lelie,
Et qui de vostre fille aujourd'huy tient le rang,
Ne vous appartient point et n'est point vostre sang:
Eroxene est son nom, Pamphile fut son pere.

ANSELME

1520 Il fut de mes amis, le Ciel luy soit prospere.*

LYDIE

Et celle qu'en ce nom on éleva chez vous
Est la vraye Aurélie et tient le jour de vous.

ANSELME

Que me dis-tu, Lydie? et qui te l'a fait croire?

LYDIE

1525 Ma mere avant sa mort m'apprit toute l'histoire. [p.109](*sic*)
Escoutez seulement: ce fruict de vostre amour,*
Des flancs qui le portoient estant à peine au jour,
Il vous peut souvenir qu'on luy choisit Fenice,
Femme de ce Pamphile...

ANSELME

Il est vray, pour nourrice.

LYDIE

Mais il n'arriva pas selon vostre dessein:
1530 A sa fille Eroxene elle garda son sein,
Et commit Aurelie à nourrir à ma mere,
Sous le nom d'Eroxene.

ANSELME

A quoy tout ce mystere?
Et qui leur inspira cette mauvaise foy?

LYDIE

Un monstre furieux qui ne suit point de loy.

ANSELME

1535 Quel?

LYDIE [p.112]

La necessité, qui pressoit leur famille;
Et leur espoir estoit que, vous donnant leur fille,
Vous la devriez un jour pourvoir si richement,
Qu'ils en pourroient tirer quelque soulagement,
Quand, ne la voyant plus dessous vostre puissance,
1540 Ils luy feroient sçavoir son nom et sa naissance.

ANSELME

Dans le coeur d'un mortel ce dessein peut entrer?

LYDIE

Oüy; mais par ceux de Dieu qu'on ne peut penetrer,*
Et qui des plus subtils passent l'intelligence,
D'un outrage inconneu vous tirastes vengeance;
1545 Car enfin il advint que leurs biens augmentez,
Et leurs possessions passant vos facultez,
Au poinct qu'ils meditoient et se trouvaient en peine
De vous rendre Aurelie et reprendre Eroxene,
Le Ciel permit sa perte; et cet evenement,*
1550 (De leur crime secret visible chatiment),
Fut pour l'un et pour l'autre une atteinte funeste
Qui leur cousta le jour. Mais oyez ce qui reste.
Pamphile, sur le point de partir de ce lieu
Et d'aller rendre compte au Tribunal de Dieu,
1555 Disposa de ses biens en faveur de son frere [p.113]
(Ce traistre, à qui le Ciel soit à jamais contraire!),
Ce malheureux Orgye, aux charges neantmoins
Qu'au rachapt d'Eroxene apportant tous ses soins,*
S'il la tiroit des mains de ce peuple infidelle,
1560 Il luy devoit choisir un party digne d'elle,
Et pour le rencontrer sortable à ses appas,
La doter sur son bien de dix mille ducats;
Ou qu'arrivant qu'enfin sa recherche fut vaine,
Vostre vraye Aurelie et la fausse Eroxene,*
1565 Par un article exprés du mesme testament,
En prendroit par ses mains deux mille seulement.
Faisant voir maintenant que celle qu'en Turquie
Vostre fils rachepta sous le nom d'Aurelie
Est la vraie Eroxene, et sa niepce en effet,
1570 Jugez s'il aura lieu d'en estre satisfait,
Et si, son plus beau bien retourant à sa source
Et dix mille ducats ducats sortant de sa bourse,
(Qui sont dix mille traits qui lui fendront le sein),
Il se pourra vanter que mon courroux soit vain!

Acte V

1575　　Ainsi je divertis un fatal mariage,
　　　　Vous redonne une fille et vange mon outrage.

ANSELME

　　　　Mais qui peut là-dessus m'éclaircir avec toy?

LYDIE

　　　　Outre le testament qui vous en fera foy,
　　　　Outre que votre sang en rendra témoignage,　　　　[p.114]
1580　　Outre vostre rapport de poil et de visage,*
　　　　Votre seul souvenir vous peut convaincre enfin
　　　　Par une marque au bras en forme de raisin.*

ANSELME

　　　　Il m'en souvient, Lydie, et ce signe visible
　　　　Nous en sera la preuve et la marque infaillible;
1585　　Il me souvient de plus (Ciel, tu le peux sçavoir!)
　　　　Qu'il ne m'est de ma vie arrivé de la voir,
　　　　Que ces doux mouvemens, dont le sang s'interprette,
　　　　N'ayent semblé m'advertir par une voix secrette,
　　　　(A laquelle pourtant je ne n'arrestois point),
1590　　De l'estroitte union dont Nature nous joint.
　　　　J'en avois pour Lelie arresté l'alliance,
　　　　Où, (non sans une longue et juste repugnance),
　　　　Orgye avoit enfin lâchement consenty;
　　　　Et j'en eusse accepté l'incestueuse partie,*
1595　　Sans ton heureux advis, pour nous si salutaire.

LYDIE

　　　　Du testament, au reste, Eugene est le Notaire,
　　　　Vostre prochain voisin.

94 La Soeur

ANSELME

Je m'y rends de ce pas.
Entre chez moy, Lydie, et ne t'éloigne pas,
(*Là Orgye sort.*)
Que je m'acquitte à toy d'une debte equitable,
1600 Si ce que tu me dis se treuve veritable.

LYDIE

Allez, vous treuverez que je ne vous ments point;
Mais le prix que j'en veux â ma vengeance est joint
Déchargeant ma colere avec ma conscience,
Du bien que je vous faits j'ay pris la recompense.
1605 J'entreray toutesfois, et d'un oeil satisfait
Verray de ma vengeance et le cours et l'effet.

SCENE III

ORGYE, *seul.*

Maudite passion, dangereuse colere,
Foiblesse des vieux ans, mauvaise conseillere,
Qui dessus la raison donnez l'empire aux sens,*
1610 Je crains bien de t'avoir trop creuè à mes dépens,
D'estre de mes malheurs moy-méme le ministre
Et d'obliger Lydie à quelque effet sinistre!
Une sotte réponse, un parler indiscret,
M'ont fait mal à propos hazarder un secret
1615 De telle consequence à toute ma famille, [p.115]
Et qui n'est guiere seur dans le sein d'une fille.
Elle entre chez Anselme et vient de luy parler.
O verité trop forte, et qu'on ne peut celer,*
Que tu m'es un notable et fatal prejudice,
1620 Et que tu me peux rendre un redoutable office!
Tu ne perds point ta force à force de vieillir:*
Aucun siecle, aucun temps ne peut t'ensevelir;
Tu renais quand tu veux, plus brillante et plus claire,
Et tu sçais reproduire aussi bien que ton pere.*

Acte V

1625 Ton aspect m'obligeoit à ne m'emporter pas,
Et je croy tousjours voir Anselme sur mes pas,
Accuser justement mon peu de conscience
De cette incestueuse et fatale alliance.
Mais, ou mon oeil s'abuse, ou c'est luy que je voy!
1630 C'est luy! Que luy diray-je? O Ciel, assiste-moy!
Ne puis-je l'éviter?

SCENE IV

ANSELME, ORGYE

ANSELME [p.117]

Un mot, un mot, Orgye!

ORGYE

Rien ne peut plus, chetif, te sauver sans magie!

ANSELME

Nous sommes vieux, Orgye, et tantost sur le point*
De partir pour un lieu d'où l'on ne revient point;
1635 Sans miracle jamais ce retour ne s'acccorde.

ORGYE

Le sermon sera long, n'en voicy que l'exorde.
O funeste courroux!

ANSELME

Vous sçavez qu'estant morts,
Nostre premier devoir, au sortir de ce corps,
Est de rendre à l'instant compte de nostre vie
1640 A qui nous l'a donnée et qui nous l'a ravie,
Et qu'en ce compte exact que nous rendons à Dieu
La restitution tiendra le premier lieu;

Par elle seulement nostre offence s'efface,
Et sans elle un pecheur ne treuve point de grace.

ORGYE, *en luy-mesme.* [p.118]

1645 Quand il faut demander, nous faisons des sermons;
Mais à restituer nous sommes des démons.

ANSELME

Vivants, si nous voulons, nos oeuvres sont utiles;
Mais apres le trépas elles sont infertiles,
Et c'est en l'autre vie un souvenir bien doux
1650 Qu'icy bas nos pechez soient morts premier que nous.
Malheureux, qui, croyant ses affaires secrettes,
Laisse à ses heritiers la charge de ses debtes,
Puis qu'alors que les biens sont une fois vendus,
Le bien et mal acquis ne se separent plus!
1655 C'est un idole d'or que le plus sage adore.*

ORGYE

Le Caresme n'est plus, et vous preschez encore!*
Venons au fait, de grace.

ANSELME

　　　　　　　　Attendez, m'y voicy;
Je ne vous en auray que trop tost éclaircy.
Vostre frere, de bonne et d'heureuse mémoire...

ORGYE

1660 De mauvaise pour moy; mais abregez l'histoire.

ANSELME

M'a, par un crime enorme et pour moy tout nouveau,
Changé, (pour faire court), une fille au berceau.

Acte V   97

                             ORGYE   [p.119]

Escoutez.

                            ANSELME

            Mais, de grace, écoutez-moy vous-méme,
        De peur que, commençant dedans ce trouble extréme,
1665   Le dény d'un forfait averé clairement,
        Vous ne le sousteniez apres obstinement,
        Et qu'il n'en faille enfin passer aux violences
        Qui font de la justice exercer les balances.
        Ne vous promettez plus d'ébloüir nos esprits:
1670   J'ay veu le testament, par qui j'ay tout appris,
        Qui veut...

                             ORGYE

            J'en suis d'accord, et sçay ce qu'il m'ordonne.

                            ANSELME

        Executez-le donc, et Dieu vous le pardonne.

                             ORGYE

            Encor qu'avec raison je pûsse m'excuser
        Du tort qu'en ce rencontre on voudroit m'imposer,
1675   N'ayant point eu de part en la sourde pratique...

                            ANSELME

        N'entrons point, je vous prie, en cette Rethorique,
        Et parlons seulement de restitution.   [p.120]

                             ORGYE

        Ne laschez point la bride à vostre passion.
        Vostre fille est à vous, vous la pouvez reprendre;

1680 Mais ne nous ostez point ce qui ne se peut rendre,
L'honneur, qui ne s'acquist ny se perd qu'une fois,
Et moderez un peu l'accent de vostre voix:
Vous obtiendrez autant avec moins de furie.

ANSELME

L'injustice est muette, et la justice crie;
1685 Rendez graces au Ciel, dont le soin provident*
De cet énorme hymen divertit l'accident;
Car quoy que vous n'ayez qu'avec repugnance
Consenty cette injuste et funeste alliance,
Vous n'encouriez pas moins un supplice eternel.
1690 Qui peche y repugnant en est plus criminel;
Mais pour n'interesser mon droict ny vostre estime,
De vous-mesme et sans bruit reparez-en le crime;
Et puis que cet intrigue est assez éclaircy,*
Allons prendre Aurelie, et la rendons icy.

ORGYE

1695 Allons, elle est chez moy. Detestable Lydie,
Ta mort fera la fin de cette Tragedie.*
Je t'auray, malheureuse, et tu ne m'auras pas [p.121]
Impunément cousté mes dix mille ducats!*

SCENE V

CONSTANCE, AURELIE, LYDIE

CONSTANCE

O Ciel! comment répondre à des faveurs si grandes?
1700 Tes liberalitez excedent mes demandes!
Par les évenemens tu surpasses mes voeux;
Je cherchois une fille, et j'en recouvre deux!
Comme sans jalousie, aussi sans preference,
Le sang m'a produit l'une, et l'autre l'alliance.

AURELIE

1705 Je me treuve moy-mesme, et m'égare à la fois
Dans l'excez du plaisir, qui m'interdit la voix.
Quel miracle inoüy, rendant nos voeux sans crime,
Me fait de vostre fils femme et soeur legitime,
Et, d'un évenement heureusement confus,
1710 Demeurer votre fille apres ne l'estre plus?
Chere Lydie, helas! comment te rendre grace?

LYDIE [p.122]

Je me satisfaits trop de tout ce qui se passe.

CONSTANCE

Pouvons-nous, ny comblant, ny passant tes souhaits,
Te donner rien d'égal au bien que tu nous faits?
1715 Mais nous differons trop d'aller voir Aurelie.

LYDIE

Je vous attends ici; car d'entrer chez Orgye,
Je n'espererois pas que l'on m'y receut bien:
Il y fait chaud pour moy, le bois n'y couste rien.*
Mais vous n'irez pas loin rechercher cette joye:
1720 Le voicy; je me cache, et crains qu'il ne me voye.

SCENE VI

ANSELME, ORGYE, EROXENE,
CONSTANCE, AURELIE, LYDIE

ANSELME

Vostre mere s'avance et vous vient recevoir;*
Saluez-la ma fille.

EROXENE

Agreable devoir!

CONSTANCE, *l'embrassant.*

Ma fille! ha! quelle aimable et douce violence
M'interdit la parole et m'oblige au silence!

EROXENE, *qui est Aurelie.*

1725 Ma mere! ce cher nom est tout mon compliment!
Mon sang peut parler seul en ce doux mouvement!

ANSELME

Je cache en vain mes pleurs; par un tendre caprice,
De la douleur, de la joye emprunte l'office;
Vous hier Aurelie, Eroxene aujourd'huy,
1730 Reconnoissez vostre oncle, et possedez chez luy
Ce que vous ont laissé ceux dont vous tenez l'estre.

AURELIE, *à Orgye, le saluant.*

Je prefere à tous biens celuy de le connoistre.

ORGYE

Cet heur est reciproque entre les vrais parents.
Et je recouvre en vous plus que je ne vous rends;
1735 Une autre a trop long-temps vostre place occupée.

LYDIE

La beste ne mord plus lors qu'elle est attrapée.*

ANSELME

Il reste une faveur que j'implore de vous,
Qu'un genereux oubly forçant vostre courroux,
De ce crime obligeant Lydie obtienne grace.

ORGYE

1740 La recevant de vous, il faut que je la fasse;
Je veux tout oublier, encor qu'à mes dépends.

LYDIE, *paroissant, et se jettant*
à ses pieds

Je le viens recevoir et faire en mesme temps;
Vous protestant aussi d'oublier ces caresses*
Dont je n'ay pas raison de vanter les tendresses,
1745 Qui ne procedoient point d'un violent amour,
Et dont le dos enfin me cuira plus d'un jour.
(*Elle dit à Eroxene.*)
Vous, Madame, apprenez une heureuse nouvelle:
Eraste...

EROXENE

Ha! m'ozes-tu nommer cet infidelle?

LYDIE

Escoutez, entre nous, ce qu'Ergaste m'a dit.*
1750 J'oze à mon tour, Orgye, hazarder mon credit.

ORGYE

Usez de mon pouvoir avec toute franchise.

CONSTANCE

Je demande une grace.

ORGYE

Elle vous est acquise.*

CONSTANCE

Elle l'est en effet, puis que plus de deux ans
Ont déja veu durer l'Hymen que je pretends,
1755 De la vraye Eroxene, ou la fausse Aurelie,
Que Lelie épousa sous le nom de Sophie;
Hymen qui, traversé par une courte erreur,
Qui semois parmy nous la tristesse et l'horreur,
Ne nous inspiroit plus que des pensers funebres.

ANSELME

1760 O! combien ce beau jour dissipe de tenebres!

ORGYE

Cet heur est le plus grand qu'elle ait pû s'acquerir,
Et nous honore trop pour ne le pas cherir.

CONSTANCE, *à Anselme.* [p.126]

Et vous, pour couronner cette heureuse journée,
D'Ergaste et d'Aurelie agréez l'hymenée,*
1765 Puis que j'ay de Lydie appris leur passion.

ANSELME

Vous prevenez mon sens et mon intention.

CONSTANCE

Mon inclination suivra tousjours la vostre.
Ergaste par mon ordre ameine l'un et l'autre
Et, pour les mieux surprendre et charmer leur soucy,
1770 Ne leur a point conté ce qui se passe icy.

SCENE VII

LELIE, ERASTE, ERGASTE, ANSELME
ORGYE, AURELIE, CONSTANCE,
EROXENE, LYDIE

LELIE

Est-ce pour honorer l'appareil de ma perte*
Que l'on s'assemble icy?

CONSTANCE [p.127]

          L'affaire est découverte,
Vostre pere a tout sceu, mais par d'autres que nous.

ANSELME

1775   Satisfaites, Lelie, aux jugemens celestes;*
        D'un profond repentir detestez vos incestes,
        Et, pour les reparer, renoncez à nos yeux,
        Aux plaisirs interdits d'un Hymen vicieux;
        Espousez Eroxene et quittez Aurelie.*

LELIE

1780   Vous estes, comme autheur, maistre aussi de ma vie;
        Mais je ne le suis pas de mes voeux, ny de moy,
        Pour si facilement disposer de ma foy.
        S'il faut que mon forfait par mes remords s'efface,
        J'en veux mourir coupable et ne veux point de grace.

EROXENE

1785   Et toy, pour satisfaire à mon coeur irrité,
        Et luy faire raison de ta legereté,
        Traistre, oublie Eroxene, et qu'au sort d'Aurelie
        Un serment solennel aveuglement te lie!

ERASTE

Vous estes souveraine et pouvez tout sur moy
Horsmis de m'imposer cette barbare loy.

ERGASTE [p.128]

1790 Et si, sans vous contraindre ou vous rendre coupables,
De ces deux changemens je vous rendois capables.*

LELIE

Ton effort seroit vain.

ERASTE

Le Ciel ne le peut pas.

CONSTANCE

O l'agreable erreur!

ANSELME

O plaisir plein d'appas!*

CONSTANCE

1795 C'est trop vous voir souffrir et vous laisser en peine.*
Aurelie aujourd'huy se treuve estre Eroxene,
Et l'astre dominant dessus nostre maison
A fait que d'Eroxene Aurelie est le nom.
Par ce rare incident, vostre Hymen est sans crime, [p.129]
1800 Et ce qu'on vous prescrit se treuve legitime.

ANSELME

Oüy, mon fils oüy mon gendre; et cette verité

Acte V

Semble un jeu pour nostre heur dans le Ciel concerté.*
Ainsi, sa providence aux siens est salutaire.
Mais allons à loisir éclaircir ce mistere
1805 Par qui, mon cher Eraste, Aurelie est à vous,
Et de la Soeur le Frere est legitime époux.

LELIE

O Ciel! de ce transport un homme est-il capable?

AURELIE

Vous couriez au supplice, et n'estiez point coupable.

EROXENE

Pardonnez, cher Eraste, à la credulité
1810 Qui m'a fait soupçonner vostre fidelité.

ERASTE

A qui dépend de vous, cette excuse est frivole;
L'excez de mon bon-heur m'interdit la parole.
(*Tous entrent, horsmis Ergaste et Lydie.*)

ERGASTE [p.130]

Que t'en semble, Lydie?

LYDIE

Et que t'en semble à toy?

ERGASTE

Si je t'offrois mes voeux?

LYDIE

Je t'offrirois ma foy.

ERGASTE

1815 Si tu veux, je suis tien.

LYDIE

Et si tu veux, je t'aime.

ERGASTE

Je parle tout de bon.

LYDIE

Je parle tout de mesme.

ERGASTE, *luy touchant dans la main.*

Va, jamais autre objet n'aura ma liberté.

LYDIE

O favorable Hymen, et bientost arresté.*

FIN

NOTES

Pour toute référence bibliographique, consulter notre Bibliographie.

v. 1 Guizot, *Corneille et son temps* (Paris, 1852, p. 376), fait remarquer que Molière a imité le début de la première scène dans *Les Fourberies de Scapin* (I, 1).

v. 1 Le premier vers donne le ton à l'atmosphère de la pièce. Bien que ce soit toujours une comédie, les situations et les actions des personnages rappellent qu'on est loin du gros rire comique. Pourtant, le mélange de tons, qui reflète le désarroi du maître devant les remarques laconiques du valet, fait un effet comique de contraste.

v. 8 Notons l'urgence qu'auront les jeunes amants à déjouer les desseins des vieillards. Même jeu dans *La Sorella*. Tout ce début de scène suit de près l'italien: 'E che le nozze si facevano per la sera seguente' *La Sorella* (I, 1). L'unité de temps est respectée scrupuleusement.

v. 13 Rappel de la légende de la nymphe Echo, amoureuse négligée de Narcisse.

v. 26 Lieu commun de la poésie galante qui ne figure pas dans l'italien. Il est repris ici avec une intention de parodie qui indique au spectateur qu'il ne faut pas prendre au sérieux les soucis du jeune homme.

vv. 31-32 Traduction de Della Porta: 'O gran miseria è l'esser servo d'innamorati, i quali non sanno star del mezzo, ma sempra sugli eccessi' (I, 1). Cette plainte du valet contre un maître amoureux remonte à l'esclave Milphion de Plaute (*Poenulus*, 819).

v. 62 Le rude bon sens du valet fait contraste avec l'impétuosité du jeune maître.

v. 72 L'édition de 1647: *donc*. C'est sans doute une erreur du typographe. Voir aussi v. 105.

vv. 73-76 Ergaste parle en aparté. Les rapports maître-valet sont une source du comique dès la première scène. Les apartés comiques ne se trouvent pas dans *La Sorella*.

vv. 77-79 Il n'y a pas de lien entre les scènes. La règle de la liaison des scènes ne s'impose que vers 1650 (Scherer, *Dramaturgie classique*, p. 274 et seq.).

v. 79 Une de ces rencontres fortuites, où quelqu'un arrive 'à point nommé'. Il y en a plusieurs dans la pièce.

v. 82 Traduction fidèle de l'italien. Erotico s'adresse à la *Balia* dans les termes suivants: 'la tesoriera de nostri amorosi secreti' (I, 2).

v. 88 On garde l'orthographe *encor* devant un signe de ponctuation forte, bien que le mot suivant commence par une voyelle.

v. 92 Indication que l'unité de temps est observée. Elle importe également au progrès de l'intrigue. Voir Scherer, p. 114.

v. 105	Texte de 1647: *ardeur*: coquille ; *foudre*: voir Glossaire.
v. 132	Le pouvoir des attraits d'Aurélie donne de la vraisemblance aux soupçons qu'exprimera plus tard Eroxene, v. 612.
v. 136	Voir Corneille, 'Lettre à M.de Zuylichem' en tête de *Don Sanche d'Aragon*: 'nous ne voyons autre chose dans les comédies que des amants qui vont mourir, s'ils ne possèdent ce qu'ils aiment'. Cf. Claude de l'Estoille, *L'Intrigue des Filous* [1648], éd. R. Guichemerre (Paris, 1977), I, 3, où Ragonde se moque des déclarations hyperboliques de Lucidor, amant désespéré.
vv. 155-156	Conseil pratique. On notera le rôle terre-à-terre des servantes dans la comédie. Les gens du peuple font preuve d'une intelligence naturelle qui dégonfle les expressions hyperboliques des jeunes amants.
v. 161	L'impétuosité est la caractéristique des jeunes amants de la pièce. Eraste est beaucoup plus impulsif et plus violent que son homologue italien. Cf. *L'Etourdi*, III, 4, 1124-1125: 　　　　　　　　　　　　　　　　ces amis d'epée 　　　　　Qu'on trouve toujours plus prompts à dégaîner 　　　　　Qu'à tirer un teston.
v. 163	Cette raillerie d'une menace de suicide faite par un autre se trouve déjà dans la *Clorinde* de Rotrou (**III**, I, 1).
v. 165	Les cinq premières répliques sont dites vraisemblablement en aparté , bien que le texte de 1647 ne donne pas une telle indication. H.-J. Pilet de la Mesnardière, *La Poétique* (Paris, 1640; rpt. Genève, 1972) condamne l'usage des apartés (p. 267).
v. 172	Voir vv.73-76, note.
v. 180	C'est là un genre de jeu de mots qu'affectionne Rotrou. La critique que lui adresse Tissier ('Parfois, il use et abuse d'un comique de mots, des jeux de mots, d'oppositions qui n'amusent que celui qui se les permet' (p. 32)) est excessive.
v. 191	Textes de 1647: *il ne me peut trahir*: coquille évidente. Nous donnons la leçon des éditeurs modernes qui est plus satisfaisante pour le sens.
v. 198	Cette indication scénique satisfait au goût de l'époque pour le spectacle, l'exhibition, le plaisir de la représentation. Elle nous fournit en même temps un trait de caractère absent chez l'Erotico de Della Porta.
v. 205	Raynouard (*Journal des savans*, 1822, p. 757) croit que ce vers est une traduction exacte de la phrase d'un père de l'Eglise au sujet de la conscience: 'ipsa testis, ipsa iudex, ipsa tortor' (Compte-rendu de l'édition de Viollet-le-Duc).
v. 215	Morel cite ce vers et le suivant comme exemples 'd'une recherche poétique expressive qui fait oublier son caractère arbitraire' (p. 311).
v.223	Stiefel remarque que cette reine était en réalité une intrigante peu scrupuleuse (p. 45, note 4b). Rotrou l'ignorait-il ou est-ce qu'il cédait à l'attrait d'un jeu

Notes 109

de mots sur la simple homonymie? En tout cas, il a beaucoup ajouté au texte italien.

v. 224 Au moment de la première de *La Soeur*, la *Gazette de France* (Microfilm B.N. 4° Lc²) donne le récit du mariage célébré au Palais Royal le 10 novembre, 1645 de Louise-Marie de Gonzague, fille du duc de Nevers, avec Vladislas IV, roi de Pologne. Le mariage se fit par procuration de la part de Vladislas. La venue des ambassadeurs polonais le 6 novembre pour chercher la princesse avait éveillé la curiosité des Parisiens. Rotrou en a-t-il profité?

v. 229 Cette formule sert à introduire un récit justificatif. On trouve parfois des variantes: cf. Rotrou, *La Pèlerine amoureuse*: 'Ecoute en peu de mots' (I, I, 1, p. 445). Ici le jeune maître, Lucidor, fait à son valet, Filidan, le récit de son amour pour Angélique que Filidan ignore.

v. 232 *dedans*: Vaugelas préfère les formes simples. Pourtant, il permet aux poètes d'employer les formes comme *dedans* pour la commodité des vers 'où une syllabe de plus ou de moins est de grand service' (p. 124).

v. 232 Rotrou semble insister sur le haut rang des personnages (Voir vv. 159, 299 etc.). Della Porta ne souligne pas leur rang social.

v. 242 *Nole*: c'est le lieu de l'action de la pièce. Rotrou ne l'a pourtant pas indiqué à la suite de la liste des personnages.

v. 253 *ducat*: voir Glossaire. Six cents ducats constituaient une somme considérable.

v. 264 Voir v. 180, note. Les jeux de mots de ce genre sont destinés à égayer la comédie et à adoucir le récit, qui risque de se prendre trop au sérieux avec les thèmes romanesques du coup de foudre et de la servitude amoureuse. Rotrou ne se prive pas pourtant d'exploiter les possibilités sentimentales que lui fournit l'italien.

v. 268 Trait d'esprit du langage galant.

v. 272 Pointe due à la confusion du propre et du figuré.

v. 278 Le procédé de Rotrou est d'épargner à son héros toutes considérations d'ordre moral. Le personnage de Della Porta a des scrupules (I, 3).

v. 281 'Le servage amoureux fait oublier à Lélie le servage réel de sa mère' (Morel, p. 316).

v. 292 Texte de 1647: *sort*. Nous suivons la leçon que proposent les éditeurs modernes.

v. 307 L'interruption du valet se trouve dans le texte italien, mais le maître reprend le récit tout de suite. Pour Rotrou, c'est Ergaste qui se montre le meneur du jeu. Cf. *Les Fourberies de Scapin* (I, 2), où le valet, Sylvestre, dit à son maître, Octave:
'Si vous n'abrégez ce récit, nous en voilà pour jusqu'à demain. Laissez-le-moi finir en deux mots.'

v. 313 Ergaste se dit lui-même l'auteur de la feinte. Dans *La Sorella*, c'est Attilio qui annonce par écrit son mariage à son père.

v. 329 Cf. *La Sorella*: 'Ho fatto la parte mia in comedia, il resto tocca a Trinca' (I, 3). On insistera (voir Introduction) sur l'intérêt de l'emploi fréquent chez Rotrou de la métaphore théâtrale. Cf. *Clorinde*, **III**, IV, 3:
Et cette comédie aura peu de pareilles.
Bien que cette métaphore existe déjà en germe dans l'italien, Rotrou semble renchérir amplement sur son modèle.(Les vers 373, 430, 1116 etc.). L'absence de l'article défini marque la personnification du nom abstrait. Cf. 'Nature', v. 1590).

v. 335 *sans dot*: Voir *L'Avare*, I, 4-5.

v. 349 C'est vraiment l'intrigue à l'italienne: le vieillard trompé par les ruses du valet. Cf. E.J.H. Greene, *The History of a Comic Structure* (Univ. of Alberta Press, 1977, p. 2).

v. 356 L'absence du premier membre de la négation dans une interrogation directe est fréquente au XVIIe siècle. Cf. Voir Brunot, *Histoire de la langue française des origines à nos jours*, III, i: *La Formation de la langue classique*, 619-620.

v. 373 Ergaste entre dans la feinte que lui-même impose aux autres. La métaphore théâtrale manque chez Della Porta. Cf. Rotrou, *Célie*, (1647), **IV**, III, 4. Là il s'agit d'un rôle que le personnage joue déjà dans la vie réelle - rôle qui figure dans une répétition feinte. Il n'existe pas de scène semblable dans le modèle italien de cette pièce. Voir B. Kite, 'Rotrou and Italian comedy, 1641-45', *Seventeenth-Century French Studies*, XII, 53-64.

v. 376 Le souci du 'trait final' pour 'terminer brillamment ou plaisamment' un épisode est une caractéristique des adaptations italiennes et espagnoles faites par Rotrou. Ces fins d'acte sont souvent originales. Voir Morel, p. 184, n. 5.

vv. 411-412 H. Gaston Hall (*Comedy in Context: Essays on Molière*, University of Mississippi, 1984, p. 182) nous rappelle l'offre du désert rejetée par Célimène dans *Le Misanthrope*, V, 3. Orlando préfère ici le texte de *La Sorella* qui est 'più moderato' (p. 232, n. 106).

v. 411 C'est sans doute un rappel des vers que l'auteur fit publier en 1631: *A son amy, M., Stances* : Les plus affreux déserts sont mes lieux les plus chers.

v. 418 Cette image ne donne pas dans Della Porta la mesure de la peur comique d'un simple valet. Elle figure dans la réplique du maître. Cette scène, qui contient l'aveu touchant de l'amour d'Aurélie, est pathétique. Mais, à la différence de son modèle (I, 4), Rotrou en atténue le sérieux en ajoutant une réplique amusante d'Ergaste.

vv. 419-420 L'eau est qualifiée de *traître élément* dans *Filandre* (**II**, IV, 1) et dans *Laure persécutée* (**III**, II, 5).

v. 430 La métaphore théâtrale ne figure pas dans le texte de Della Porta.

v. 438 La plainte du vieillard contre la conduite de son fils est reproduite de l'italien: 'Io son molto mal sodisfatto di lui, perché non li vedo far cosa che mi vada a

Notes

	gusto: è tanto mutato da quel di prima, che non mi par desso...Tutti i suoi pensieri tendono all'ozio'.(I, 5)
vv. 455-460	La tirade est imitée de l'italien (I, 5), y compris le mot *Catalamechis*.
v. 465	*gausser*: de même *achevera*. 308, *renverse*. 986. La tournure pronominale est en train de supplanter la forme transitive au cours du XVIIe siècle. Cf. *La Pèlerine amoureuse*, **II**, I, 1: 'Tu te gausses trop tôt!'
v. 468	*Urchec* n'est pas dans *La Sorella*. Pour l'intérêt de ce pseudo-turc, voir Introduction, p. 17.
v. 484	*de-Mahometiser*: mot comique forgé par Rotrou.
vv. 485-486	Cf. Della Porta: 'e questa amorevolezza la chiamano in' turchesco *tubalch* (I, 5).
v. 506	Tous ces conseils pratiques se trouvent déjà chez Della Porta. Mais la réplique d'Ergaste développe quelque peu l'italien.
v. 521	*l'age la consomme ; consumer* se confondait avec *consommer* : au dix-septième siècle *consumer* veut dire 'achever en détruisant son sujet' (Vaugelas). C'est ce qu'il faudrait ici.
v. 524	Le vieillard amoureux est un thème comique des plus usités. Dans la comédie *Clarice* de Rotrou [1642], Horace dit à son valet, Hortense, qu'un riche prétendant, même s'il s'agit d'un vieillard, possède tous les attraits nécessaires: Le bien...couvre bien des défauts. C'est l'aimant et l'amour des coeurs de tout le monde... (*Clarice*, **IV**, II, 3).
vv. 525-527	Antiphrase ironique. Un personnage prête à un autre les qualités qu'il n'a point (Morel, p. 294).
v. 530	'Le règne de Saturne est lointain. Les poètes l'appellent l'âge d'or' (Tissier, p. 69, note 6).
v. 552	Sur un rythme qui va s'accélérant, le dialogue se poursuit jusqu'à la fin de la scène. Il est tout différent chez Della Porta. Rotrou ajoute aussi le mot de la fin, dit par Ergaste.
v. 557	La distinction entre *vieil* et *vieux*, établie par Vaugelas (p. 377), n'était pas toujours observée au XVIIe siècle. Texte de 1647: *pourit*. Nous donnons le mot qui fait plus de sens, comme tous les éditeurs modernes.
v. 570	*joint que*: sorte de construction qui signifie *ajoutez que*, *outre que*. La construction n'est pas notée par Vaugelas [1647]. Elle était pourtant déjà vieillie à l'époque.
v. 570	Voir v. 335, note.
v. 572	Cf. *L'Ecole des Femmes*, v. 82: 'Epouser une sotte est pour n'être point sot' c'est-à-dire, cocu.

v. 583	Plaisanterie grivoise que Rotrou n'a pas trouvée dans le texte italien. Elle est pourtant caractéristique de la représentation de l'amour dans ses pièces, où le réalisme côtoie le romanesque. Voir l'article de W. Leiner, 'Deux aspects de l'amour dans le théâtre de Jean Rotrou: le romanesque et le réalisme' *R.H.T.* (1959), 179-204.
v. 590	*engendrer*: on retrouve deux fois ce mot dans Molière: *L'Etourdi*, II, 5, v. 656; *Le Malade Imaginaire*, II, 4.
v. 596	L'idée d'un duel de vieillards (le *Pré-aux-clercs* est le rendez-vous usuel des duellistes) amène une note comique qui est riche de signification. Dans *l'Alizon* [1637] de Discret (éd. J.D. Biard, Exeter, VII, 1972), il s'agit d'un duel entre vieillards roturiers, qui n'en est, comme ici, que plus comique.
v. 599	Il se trouve des exemples de scènes pleines d'observation où il s'agit d'une *burla* ('plaisanterie') dans *Céliane*, II, IV, 7, *Agésilan de Colchos*, III, II, 2 et *Amélie*, III, II, 3.
v. 601	Il n'y a pas de lien entre les scènes. La scène 3 de l'Acte II n'a pas son équivalent chez Della Porta.
v. 601	*consomme*: voir la note du vers 521.
v. 626	On ignore la source, s'il y en a, de ce joli vers. Il n'est pas dans *La Sorella*.
v. 628	C'est-à-dire: 'ne pas se fier au discours'. Selon D.Charron, ce serait l'indice d'une préoccupation essentielle de Rotrou (*Les Sosies*, Genève, 1980, p. 168). Voir v. 873. C'est aussi marquer un désarroi chez le personnage.
v. 633	Complainte de la jeune fille farouche dont la pudeur lui éveille des soupçons sur les hommes. Lieu commun de la littérature de l'époque, surtout de la littérature pastorale.
vv. 645-647	Ce court monologue respire le bon sens, mais peut-être représente aussi une intention de parodie chez Rotrou.
v. 657	Texte de 1647: *O Dieux!* On retrouve dans *La Soeur* quatre autres exemples de l'usage de cette exclamation avec la forme du pluriel (vv. 915, 979, 1004, 1207). Partout ailleurs, elle s'écrit au singulier. Rotrou a abrégé la scène de l'italien (II, 4).
v. 658	Il y a quantité d'exemples de telles 'écoutes' dans le théâtre espagnol et dans *l'Astrée*.
v. 681	*en soy seule*: c'est-à-dire *en elle-même*. L'usage moderne n'est fixé qu'à la seconde moitié du XVIIe siècle.
v. 684	Cf. Rotrou, *Célie*, IV, V, 2: 'Je doute si je dors, ou si veillant je songe'. Orlando donne plusieurs exemples (p. 184) de personnages qui expriment le doute sur la réalité dans le théâtre de Rotrou.
v. 697	Eraste emploie le vocabulaire du langage galant pour étayer son rôle d'amoureux d'Aurélie et pour convaincre Anselme de sa sincérité.

Notes

v. 700 Il manque ici dans le texte de 1647 un distique de rimes féminines, ce qui marque peut-être la hâte de l'auteur ou de l'imprimeur.

vv. 705-708 Ces trois vers dans le texte de 1647 sont attribués à Anselme. Ils conviennent mieux au rôle de soupirant que feint Eraste.

v. 711 Même jeu de scène dans *La Sorella* (II, 4). La *balia* surprend la feinte d'Erotico. Dans le théâtre de Rotrou, c'est un exemple de la méprise sur les sentiments (R. Guichemerre, *La Comédie avant Molière*, Paris, 1972, p. 102, n. 21).

vv. 711-12 Cf. *La Sorella*: 'O mondo immondo, o mondo tutto pieno di fallacie e d'inganni, or chi può vivere in te, che sia sicuro dalle tue insidie?' (II, 5).

v. 713 *vil théâtre*: encore une fois, la métaphore théâtrale ne figure pas dans le texte italien. Voir Introduction, p. 17.

vv. 729-730 Se moquer des soupirants est traditionnel dans la comédie.

v. 733 *chétive*: selon Fournier, 'le mot *chétif* s'employait alors pour *malheureux*'. Voir *Le théâtre français au XVIe et au XVIIe siècle* (Paris, s.d.), II, p. 467, note 1.

v. 737 *forcennements*: le terme est employé deux fois, mais au singulier: dans Corneille, *Médée*, IV, 5, v. 1223, et dans Rotrou, *Laure persécutée*, v. 123 (*Théâtre du XVIIe siècle*, I, p. 127).

v. 742 Les éditions originales portent l'indication: 'SCENE SECONDE'.

v. 758 *déguisé*: 'avec ou sans idée d'altération' (F). Géronte est en effet vêtu à la turque, mais le déguisement provient plutôt de son apparence physique. Les vers suivants en donnent la raison.

v. 760 Cf. Della Porta:
Il mal mangiare, il peggior bere, e il molto patire.(III, 2).

v. 763 *momon*: l'emploi du terme est fréquent dans le théâtre du temps et apporte une idée de déguisement. Cf. De L'Estoile, *L'Intrigue des Filous* [1648], III, 5; Tristan, *Le Parasite* [1654], III, 2; III, 4; Molière, *L'Etourdi* [1655], III, 8; *Le Bourgeois Gentilhomme* [1670], V, 1. Rotrou est le premier dramaturge français à s'en servir. Voir Ch.-L. Livet, *Lexique de la langue de Molière*, 3 vols., (Paris, 1897), III, p. 107.

v. 781 Rotrou marque ici le caractère sentencieux du vieillard. (Voir aussi vv.1775-78). Ce trait de caractère manque chez l'italien, de même que le côté railleur (v. 762-65).

v. 785 *Quelle?*: 'on l'emploie quelquefois pour donner plus de clarté ou plus d'énergie au discours' (A).

v. 785 Cf. Della Porta: 'il turco non arma alla primavera, e non infesterà nostre marine?' (III, 2). C'est le capitan Trasimoco qui se réfère au *Gran Turco* (III, 6). *Cette été*: ce féminin étymologique (du latin 'aestas') était encore en usage au XVIe siècle. Tous les dictionnaires du XVIIe siècle ne donnent que le masculin.

vv. 785-786 La menace d'une attaque de l'armée turque contre l'Europe du sud se faisait toujours craindre à l'époque. Voir la dépêche signée de Malte le 20 mai, 1645, *Gazette de France*: 'Nous sommes toujours en l'attente de cette grande armée Turquesque, de laquelle on nous menace depuis longtemps'.

v. 794 La référence aux souffrances des chrétiens ne se trouve pas dans Della Porta. Rotrou recherche-t-il les effets du pathétique?

v. 801 Cf. Molière, *L'Etourdi*, II, 5, v.654: 'Vous tuez donc des gens qui se portent fort bien?'; Corneille, *Le Menteur*, IV, ii, 1164: 'Les gens que vous tuez se portent fort bien'; et *Agésilan de Colchos* [1636], III, V, 2. 'On fait un homme mort qui se porte fort bien.'

v. 803 Texte de 1647: *mille*. Toutes les éditions modernes donnent *à nulle autre seconde*, ce qui est plus satisfaisant pour le sens.

vv. 816-820 Orlando cite ces vers dans son article 'La morte falsa e vero', (*Studi Francesi*, 6 (1962), 31-56 (pp. 47-48)), en disant 'Accemoro diretto alla putrefazione (...) exprimono (...) il carattere perpetuamente incerto o fittizio della morte in questo theatro. Un gruppo di versi che non hanno un precedente diretto nel testo della fonte italiano'.

v. 829 Vaugelas condamne cette tournure comme n'étant plus 'du beau langage' (p. 319).

v. 832 L'anachronisme est déjà dans Della Porta (III, 2). La basilique de Sainte-Sophie est devenue mosquée en 1453.

v. 856 *la touche*: leçon de 1647, que nous préférons à celle de l'édition de 1820, *me touche*.

v. 864 Même situation chez Plaute. *L'Epidicus* (IV, 4) (le modèle pour l'*Emilia* de Luigi Groto). Voir Introduction, p. 17. Le vieillard, Périphanès, se voit trompé par la substitution d'une esclave qu'il croyait sa propre fille.

v. 871 Aurélie prend plus de temps à se justifier que son modèle italien. Elle joue un rôle devant le vieillard soupconneux. Peut-être veut-elle gagner du temps jusqu'à l'arrivée d'Ergaste (v.870). Aucune allusion au cri du sang dans Della Porta (Orlando, p. 79).

v. 879 Cf. Rotrou, *La Pèlerine amoureuse*, II, V, 9:
Et, par le fer ou par la flamme,
Avoir la mort malgré la Mort.

v. 890 L'ironie masque le mensonge qu'elle ne veut pas proférer.

v. 913 On n'admettra l'interprétation de Nelson (*Immanence and Transcendence*, (Ohio State University Press, 1969), p. 132) que sous de sérieuses réserves. 'The very name of this noble but poor creature is a sign of her divine purity: Sophie'. C'est le même nom que donne Della Porta (*La Sorella*, III, 3) à la jeune servante.

v. 928 Exemple de l'ironie comique. Le vieillard ne croit que ce qu'il veut croire.
v. 932 Cf. Rotrou, *La Belle Alphrède*, II, II, 2:
Le chef des pirates arabes reconnaît ainsi sa fille:

v. 932	Cf. Rotrou, *La Belle Alphrède*, II, II, 2: Le chef des pirates arabes reconnaît ainsi sa fille: Le sang me l'a nommé: à sa première vue, Mon âme d'un doux trouble aussitôt s'est émue. Orlando note que cet appel au sang manque dans Della Porta.(Orlando, p. 79, note 40).
v. 938	La querelle des vieillards - assez comique d'ailleurs - ne figure pas dans Della Porta.
v. 955	L'édition de 1647 respecte le découpage des scènes selon lequel, après le départ d'un personnage, son interlocuteur reste seul et monologue. Cet usage n'est pas toujours respecté dans la première moitié du siècle (Scherer, *La Dramaturgie classique*, p. 215). Cf. *L'Intrigue des filous* [1648], I, 2.
vv. 977-978	Les apartés du début de la scène ne sont pas indiqués dans le texte de 1647. Ils le sont dans l'italien par l'usage des crochets (*La Sorella*, III, 4). Les métaphores théâtrales ne figurent pas dans l'italien.
v. 980	Les méditations d'Ergaste sur la vieillesse sont le propre de Rotrou. Elles visent à gagner du temps, tout comme la réplique d'Aurélie aux vers 871-882.
v. 986	Vers de 11 syllabes. On peut éviter cette faute d'impression en écrivant 'avecque'. Voir Vaugelas (p. 311) et v. 126, note.
v. 993	Archaïsme qui caractérise le langage des vieilles personnes. Voir v. 1131. Cf. *Don Sanche d'Aragon*, V, 7, où le vieillard, Don Raymond, dit: 'D'où quelque sien voisin' (v.1759).
v. 1015	'Le goût du Turc est toujours très mauvais signe pour le classique français. Il n'est bon que dans Molière' (C. Péguy, *Victor-Marie, comte Hugo* (Paris, Gallimard, 1934), p. 191). On notera quel usage Molière a fait du turc factice de Rotrou dans *Le Bourgeois Gentilhomme*. (Voir Introduction p. 17).
v. 1016	*Cabrisciam*: Molière se souvient sans doute de ce terme pour le discours en latin macaronique de Sganarelle, *Le Médecin malgré lui*, II, 4: *Cabricias arei thuram...*
v. 1016	Le pseudo-turc qui suit ne s'intègre pas dans la versification. La finale en -la suffit pour interrompre deux distiques en vers en rimes féminines.
v. 1020	*Belmen*: c'est le même mot qu'emploie Molière dans la brève réplique que donne Cléante au discours de Covielle dans *Le Bourgeois Gentilhomme*, IV, 4.
v. 1021	*Negrepont*: île d'Eubée, sous la domination turque depuis 1470. Lipse est un port de cette île.
v. 1022	Cf. *Le Médecin malgré lui*, II, 4: Ossabandus, nequeys, nequer, potarinum... La phrase fait partie du latin factice de Sganarelle.
v. 1050	C'est peut-être là l'origine de la célèbre question de Monsieur Jourdain, (*Le Bourgeois Gentihomme*, IV, 4) devant le faux turc de Covielle: Tant de choses en deux mots?

116   La Soeur

          La question est pourtant reprise de Della Porta (III, 4), mais la formule
          comique est de Molière.

v. 1058   Ces fins de scène comiques sont de Rotrou. Voir aussi v. 600.
          Texte de 1647: 'SCENE V'.

v. 1069   Cf. L'Etourdi, III, 2:
                    tout ce beau mystère(...)
               N'est qu'un pur stratagème, un trait facétieux,
               Une histoire à plaisir, un conte dont Lélie
               A voulu détourner notre achat de Célie.

v. 1096   Texte de 1647: 'SCENE VI'.

v. 1097   Anselme, seul, médite sur la vieillesse qui se voit bafouée comme Géronte (Le
          Menteur, V, 2). Anselme se soucie de sa réputation, comme il convient à un
          homme d'un certain rang social. Il entend punir le valet qui l'a bafoué, mais
          on n'en entend plus parler dans la pièce. Contrairement à lui, l'italien Pardo
          ne se soucie que de la perte de son argent.

v. 1107   Della Porta introduit l'acte par un monologue de Costanza revenue de
          Turquie. Rotrou a cru égayer le début de l'acte par une scène qui lui évite de
          se répéter (Voir le début de l'Acte III). Les vers 1115-1122 sont de Rotrou.
          (A noter les apartés comiques du valet).

v. 1114   Cf. La Sorella (IV, 2):
          Una bugia a tempo val tant'oro.

v. 1124   *pellerine*: voir Glossaire.
          Cf. *La Pèlerine amoureuse*, [1632-33], tragi-comédie de Rotrou qui finit
          heureusement. L'héroïne, qu'on a crue morte, se fait pèlerine et part à la
          recherche de celui qu'elle aime.

v. 1125   Texte de 1647: *graud*.

v. 1130   Vers de onze syllabes.

v. 1131   Voir v. 993, note.

v. 1164   *seize ans de servage*: dans *La Sorella* (IV, 2), Costanza se plaint de ses vingt
          ans de captivité chez les Turcs.

v.1176-1177 La situation se prête aux antithèses. Rotrou se souvient de l'italien (IV,2):
          Attilio:
               ...entrando voi, ne cacciate me: sete voi fatta libera, per
               pormi in servitù: voi acquistate la patria, io perdo la
               patria e quanto possedeve.

v. 1184   Lélie se montre ici conscient du crime qu'il a commis. Il sera accablé
          d'horreur et de remords en apprenant qu'il a épousé sa propre soeur. Attilio,
          pour sa part, fait une confession de vive voix (IV, 2).

v.1185-1186 On notera l'indulgence de Constance qui se fait la complice de son fils.

v. 1194   Rotrou se garde de faire faire par Lélie le récit d'incidents dont les spectateurs

Notes

v. 1201 L'action est invraisemblable; elle se contient néanmoins dans les vingt-quatre heures. Voir v. 8.

v. 1204 Cf. *L'Etourdi*, II, 10, où Mascarille peste contre un courrier venu de l'Espagne pour contrecarrer ses desseins.

v. 1229 Chez della Porta, c'est Attilio qui conclut la scène en envoyant Trinca dans la maison. Ergaste pour sa part souligne la nécessité de feindre encore une fois.

v. 1247 Ce jeu de mots ne figure pas dans la scène correspondante de Della Porta. Morel note que le jeu sur la simple homonymie est rare chez Rotrou (p. 307). (Mais voir la note du v. 223).

v. 1259 Cette description de la Pologne ne figure pas dans Della Porta. C'est une Pologne telle qu'un Parisien pouvait l'imaginer à la suite du mariage par procuration, le 6 novembre, 1645, d'une princesse française qui part pour la Pologne. Voir la *Gazette de France*, 10 novembre, 1645.

v. 1274 *Tant que* + ind: le sens de *jusqu'à ce que* est rare. Voir Tissier, p. 120 , note 6.

v. 1289 *Bostamgirassy*: ce n'est pas un mot emprunté à *La Sorella*. Il figure dans la *Gazette de France*, 8 juillet, 1644. '*Bostangi-basy* - officier du sérail qui a la charge des jardins'. Voir C.D.Rouillard, *The Turk in French History and Literature, 1520-1660*, (Paris, Boivin, s.d.), p. 513.

v. 1294 La référence au sang manque chez Della Porta. Elle est pourtant fausse parce que ce n'est que de la fausse Aurélie qu'il s'agit.

v. 1300 Une feinte qui est néanmoins une vérité - la mère ne feint pas en reconnaissant sa fille en Aurélie. Malgré cette complication peu vraisemblable, 'le public du temps goûtait fort ce genre d'imbroglio romanesque' (Guichemerre, *La Comédie avant Molière*, p. 103). Cf. Tristan, *Le Parasite* [1654], éd. J. Madeleine (Paris, 1934), IV, 2-6 et V, 3, où le capitan qui, pour éloigner un rival, a fait passer un inconnu pour le mari de Manille, la mère de Lucinde, trouve qu'il joue bien son rôle; or, il s'agit précisément du véritable mari.

v. 1304 L'ironie de ce vers anticipe le revirement du vers 1325.

v. 1322 Ergaste se félicite à tort du succès de la feinte: il refuse la vérité que lui propose Constance. Ce jeu de scène manque chez Della Porta, où c'est Attilio qui félicite Costanza de sa feinte si naturelle. Cf. Dans *Le Véritable Saint-Genest* [1646], il s'agit d'une feinte devenue vérité.

v. 1328 Les apartés de Lélie et d'Ergaste ne figurent pas dans la scène correspondante de *La Sorella*.

v. 1333-1334 'il referimento al teatro...accrese il senso di insicurezza del reale in questo passo oscillante et enigmatico' (Orlando, p. 145).

v. 1343 Voir Scherer (*La Dramaturgie classique*, p. 395), où le critique fait allusion aux amours incestueux dans le théâtre de l'époque. Il n'est pas question d'inceste dans le texte italien: Attilio parle de *mio fallo* .

v. 1348-1350 Ce jeu saugrenu de paradoxes est pris textuellement dans *La Sorella*, IV, 5):
Attilio:
e qual penetenza emenderà il mio fallo? Dunque, sarò marito e fratello
di mia sorella, padre di miei nipoti e zio di miei figliuoli? sarò genero
vostro e di mio padre?

v. 1352 Traduction de l'italien (IV. 5):
Costanza:
Figlio, l'ignoranza fa men colpevole l'errore del tuo non fallo.
Cf. Rotrou (*La Pèlerine amoureuse*, II, V, 3):
Et l'on accuse à tort l'innocent de mon crime,
Que mon intention a rendu légitime.
Célie excuse ainsi le crime de son amant.

v. 1355-1361 'Il verso di Rotrou...presta così il proprio accento a sentimento provisori ed erronei' (Orlando, pp. 85-86).

v. 1364 Le dénouement de cette situation apparemment insoluble s'annonce déjà; mais les spectateurs sont loin de prévoir comment il se déroulera.

v. 1373 Attilio montre les mêmes remords (*La Sorella*, IV, 5):
Ahi, che tanto movimento di sangue, che mi occupò il core
nella prima vista, stimova che fosse dalla tua bellezza; ma
era dalla forza del sangue, perché eravamo nati di una
medisimo sangue; e io sciocco non me ne accorgeva.

v. 1390 Cf. *La Sorella* (IV, 5):
Attilio:
Lascia che il tuo figlio vada tapinando per il mondo, senza
suspetto che tratti più mai con la sorella.
La scène est longue et pathétique chez l'italien (*La Sorella*, IV, 6). Rotrou ne reproduit pas les longues lamentations d'Attilio.

v. 1409 Rotrou s'écarte ici de son modèle, qui introduit une scène entre Pardo et le parasite Gulone, ensuite une longue scène, où Sulpizia, qui paraît pour la première fois, comble Erotico d'injures et de reproches. Chez Rotrou, la surprise comique d'Eraste fait oublier la disgrâce de Lélie.

v. 1429-1430 Cf. Rotrou, *Les Occasions perdues* [1632], (*Oeuvres*, I, p. 394, IV, 4), où Clarimond peste contre l'inconstance des femmes.

v. 1431 Cf. *Les Sosies*, éd. Charron (v. 933): '...fuyons cet affronteur.'

v. 1445-1446 La *balia* de Della Porta est tout aussi furieuse. Elle se déchâine en injures contre l'infortuné Erotico (*La Sorella*, IV, 9).

v. 1476-1478 La violence des reparties et les menaces d'Orgye sont reprises de *La Sorella*. Les propos du maître manquent de bienséance mais justifient en quelque sorte la réaction indignée de Lydie dans la scène qui suit.

v. 1497 La scène est reprise de *La Sorella*, V, 1. Il y a peut-être une nuance de burlesque. Pourtant la vengeance de la servante mal traitée est nécessaire au dénouement car elle fait ressortir la vérité.

Notes

v. 1507	*moins*: c'est-à-dire *le moins*.
v. 1520	Le vieillard sentencieux se découvre dans ce souhait mal placé. La plaisanterie est de Rotrou.
v. 1525	Le récit des enfants échangés au berceau suit à quelques détails près celui de Della Porta.
v. 1542	Préparation au dénouement providentiel.
v. 1549	Texte de 1647: *son*. Toutes les éditions modernes donnent *cet*.
v. 1558	C'est-à-dire la fille de Pamphile et la nièce d'Orgye, victime du rapt des Turcs et celle que Lélie a épousée.
v. 1564	Texte de 1647: *la fausste Eroxène*. Coquille évidente.
v. 1580	*poil*: cf. Claude de L'Estoile, *L'Intrigue des Filous*, [1648], éd. R. Guichemerre (Paris, 1977), v. 873: 'La voix vous a grossy, le poil vous est venu.'
v. 1582	Dans la reconnaissance d'une marque chez la jeune fille, Rotrou se sert du même procédé que Della Porta (V. 2). C'est une de ces 'reconnaissances "en cascade"' dont parle Guichemerre (*La Comédie avant Molière*, p. 55).
v. 1594	Nulle mention d'inceste chez Della Porta.
v. 1609	*donnez l'empire*: *ez* est souvent imprimé au dix-septième siècle pour *es*. Le vers suivant indique qu'il s'agit d'un singulier.
v. 1618	Dans une autre comédie, *Filandre* [1637], Rotrou a écrit des vers semblables: Quelque adresse qu'on ait à causer ces ombrages, La vérité paraît et force tous nuages. (II, p. 593, V. 1). Il s'agit là, comme ici, d'un personnage qui voit sa feinte enfin dévoilée.
v. 1621	Ce jeu de mots ne figure pas dans le texte italien.
v. 1624	Allusion au mythe d'Astrée, déesse de la justice. Notons le goût du paradoxe, trait fréquent chez Rotrou.
v. 1633	Nous avons déjà remarqué le caractère sentencieux d'Anselme, qui est plus développé que chez Pardo. (Voir aussi vv. 1775-1778). L'aparté comique d'Orgye figure dans l'italien.
v. 1655	Rotrou sacrifie le bon sens pour trouver un jeu de mots.
v. 1656	Cf. *La Sorella*, (V. 4): Di grazia, veghiamo al fatto: ché già è passata quaraesima, e mi volete far ascoltar la predica. Dans toute cette scène, Rotrou suit de près l'italien (V, 4).
v. 1685	Hémistiche très commode ou reflet d'une métaphysique?
v. 1693	*cet intrique*: cf. v. 347. Voir Glossaire.

v. 1696	Encore une métaphore théâtrale ajoutée au texte italien, où Orgio abandonne les menaces.
v. 1698	*ducat*: voir Glossaire et v. 253. La somme qu'Orgye perd est considérable.
v. 1699	Pendant que les vieillards discutent ensemble, Lydie est entrée dans la maison d'Anselme (v. 1605) pour faire partager la bonne nouvelle à Constance et à Aurélie.
v. 1706	Par trois fois (vv. 1706, 1724, 1812), pendant les scènes du dénouement, les personnages font usage du mot *interdire* (suivi de *la voix* ou *de la parole* pour exprimer la joie inespérée retrouvée.
v. 1718	Vers de onze syllabes dans le texte de 1647. Toutes les éditions modernes donnent *Il y fait chaud*.
v. 1721	C'est le moment privilégié de la pleine reconnaissance. Les trois dernières scènes sont de Rotrou.
v. 1736	Texte de 1647 *ne mort plus*: les lexicographes du XVIIe siècle ne donnent pas d'exemple de l'orthographe *mort*.
v. 1743	Le discours comique de Lydie allège l'atmosphère de sérieux qui règne toujours. Il ôte à la scène ce qu'elle avait de solennel et de grave. On se retrouve à la fin ramené dans le monde réel.
v. 1749	Lydie fait savoir en aparté à Eroxène la bonne nouvelle. Rotrou évite les redites.
v. 1752	Pour R. Nelson (*Immanence and Transcendence,* p. 136), le dernier acte marquerait le triomphe de la grâce divine. Nous ne partageons pas cette opinion.
v. 1764	C'est la vraie Aurélie, crue jusqu'ici Eroxène.
v. 1771	Voir Scherer (*La Dramaturgie classique*, p. 143) '...on s'aperçoit que chacune des pièces françaises a ajouté à sa source des scènes destinées à permettre la réunion de tous les principaux personnages pour le dénouement'.
v. 1775-1776	Cf. v. 1633, note.
v. 1779	C'est un jeu sur la vraie identité d'Aurélie et d'Eroxene. Lélie et Eraste refusent de changer de sentiments pour celles qu'ils aiment. Cf. v. 1793.
v. 1791	La baguette magique d'Ergaste va dissiper les soupçons des jeunes amants - ils vont retenir chacun celle qu'ils aiment.
v. 1794	Orlando (pp. 131-132) note l'emploi chez Rotrou des retardements avant d'annoncer aux amants leur véritable félicité. On retrouve le même procédé dans *Célie* [1647] du même auteur.
v. 1795	La vérité s'annonce par la bouche de la mère compatissante.
v. 1802	L'accent est mis sur l'invraisemblance de l'intrigue. Rotrou présente son dénouement comme un mystère, opéré comme par la providence du ciel.

Mystère tout théâtral, d'ailleurs, comme dans d'autres pièces de Rotrou de l'époque, comme *Clarice* [1641] et *Célie* [1647]. Voir B. Kite, 'Rotrou and Italian theatre, 1641-45', *French Seventeenth-Century Studies*, 12, (1990), 53-64 (pp. 61-63).

v. 1818 Dans l'Examen de *Mélite* [1633], (*Oeuvres complètes,* Paris, Editions du Seuil, 1963, p. 29), Corneille dit à propos du théâtre des premières décennies du XVIIe siècle: '...la coutume de ce temps-là, qui était de marier tout ce qu'on introduisait sur la scène.' Le dialogue entre Ergaste et Lydie fait contraste avec les procédés par trop compliqués de leurs maîtres.

122   La Soeur

GLOSSAIRE

'La Soeur est une des pièces de Rotrou où l'on trouve le plus de termes vieillis et détournés de leur sens' (éd. Hémon, p. 214).

Voir la bibliographie pour le titre complet des dictionnaires et des lexiques que nous citons à titre d'exemple ou d'explication.

Nous faisons surtout référence à six ouvrages au cours de ce glossaire:

Dictionnaire François de Richelet (Genève, Ière édition, 1680). [R]

Dictionnaire de Furetière (La Haye et Rotterdam, Ière édition, 1690). [F]

Dictionnaire de l'Académie Française (Paris, Ière édition, 1694)]. [A]

E. Huguet, *Dictionnaire de la langue française du XVIe siècle, 7t.* (Paris, Champion, 1921-1967). [Huguet]

Claude-Favre de Vaugelas, *Remarques sur la langue française.* Fac-similé de l'édition originale, publié par Jeanne Streicher (Paris, Droz, 1934). [Vaugelas]

Jean Dubois, René Lagane, Alain Lerond, *Dictionnaire du français classique* (Paris, Référence Larousse, 1988). [Dubois]

Pour l'orthographe, le cas échéant, nous avons suivi le texte de 1647 de *La Soeur*; partout ailleurs, nous l'avons modernisée.

accident (37)	s.m. 'Cas fortuit, ce qui arrive par hasard' (A).
affronter (498,1103)	'Signifie tromper sous prétexte de bonne foi' (A). Le nom dérivé, *affronteur* (1431), exprime la même nuance.
amour (24)	s.m/f. Selon Vaugelas (p. 389-390), l'amour est masculin ou féminin; mais l'auteur note que 'nos meilleurs écrivains' tendent à ne l'employer qu'au masculin. A la fin du siècle, l'Académie donne toujours 'masculin ou féminin'.
appareil (1771)	s.m. 'Ce qu'on prépare pour faire une chose plus solennellement' (F).
avecques (126)	Vaugelas montre une singulière aversion contre cette orthographe (p. 311).
averé (1665)	'Vérifié' (F).
bailler (369)	'Il n'est pas du bel usage, on dit en sa place *donner*'. Il était déjà 'vieilli' au temps de Vaugelas (éd. Tissier, p. 58, note 4).
balourde (600)	s.f. 'Se dit d'une personne stupide et grossière' (A). Ne figure ni dans Huguet ni dans Dubois.
brasser (661)	Fig. 'Faire quelque conspiration ou machine pour trahir ou perdre quelqu'un. Cette expression est un peu basse' (F).
chef (104)	s.m. 'Vieux mot qui signifiait autrefois la tête de l'homme et qui

Glossaire

	n'est plus en usage qu'en poésie' (F).
chetif (633, 733)	'Qui est de peu de valeur; qui se dit des personnes et des choses' (F).
clarté (137)	s.f. 'On dit poétiquement *perdre la clarté* pour *mourir*' (A).
climat (455)	'Pays, contrée' (R).
commettre (836)	'Confier quelque chose à la fidélité de quelqu'un' (F).
confident (107)	Mot absent des dictionnaires du dix-septième siècle. 'Confiant, digne de confiance' (Huguet). 'Aujourd'hui seulement comme nom, personne à qui l'on confie ses pensées intimes' (Dubois).
consulter (56, 1409)	'Conférer ensemble, délibérer' (A).
créance (988)	s.f. Doublet de *croyance*. 'Les deux mots se prononcent à la cour d'une même façon' (Vaugelas).
defaite (1058)	s.f. 'Signifie encore excuse, échappatoire' (F). 'Ce mot au figuré est bas et burlesque' (R).
déportemens (489)	s.m. 'manière de vivre' (F). 'Se prend ordinairement en mauvaise part' (A).
desservir (1427)	'Rendre un mauvais office à quelqu'un' (R).
disgrace (38)	s.f. 'Signifie aussi infortune, malheur' (A).
dol (933)	s.m. 'Vieux mot qui n'est plus en usage qu'au Palais. Il signifie "tromperie, fraude"' (A).
doute (1128)	A la fin du siècle, l'Académie ne donne que le genre masculin.
ducat (253)	s.m. 'Monnaie d'or et d'argent qui vaut environ un écu en argent et deux étant d'or' (F).
empezeuse (642)	'Blanchisseuse du menu linge' (F).
ennui (14)	s.m. 'Tristesse, déplaisir' (R).
éplucher (551)	'Examiner, considérer avec attention' (R).
erreurs (1283)	'Au pluriel, se dit quelquefois pour dire de longs voyages remplis de traverses' (A).
esclaircissement (71)	'Se dit entre les gens d'épée des explications qu'ils demandent de quelques paroles ou actions, pour savoir si on les a faites avec intention de leur faire querelle' (F).
escrime (1147)	'On dit *hors d'escrime* lors qu'on n'est plus en 'état de se défendre" (F).

s'escrimer (1317)	'Souvent employé dans le burlesque pour dire 'se mêler un peu d'une chose" (R).
fiant	'Confiant' (R).
fol (900)	Vaugelas dit (pp. 13-14) que le terme se prononce en *ou*.
foudre (105)	s.m/f. 'Féminin au sens propre, masculin au sens figuré, étymologiquement il vient d'un neutre latin' (R).
frivole (295, 338, 429, 883)	'Intile, vain' (R).
froidureux (1262)	Mot absent des trois dictionnaires du XVIIe siècle. 'Froid.' ('Vieilli et poétique au XVIIe siècle' - Dubois).
furie (389)	s.f. 'Chez les païens, étoit une divinité qui tourmentait les méchants, les grands coupables' (A).
gene (908)	'Ce mot a été transporté à toute sorte de tourments, de tortures et de douleurs' (F).
heur (224 etc.)	'Bonheur. Ce mot est bas et commence à être peu d'usage' (F).
ignoramment (1369)	'Sans savoir, sans connaissance' (F). Mot déjà vieilli à l'époque; utilisé par Malherbe, selon Littré.
intrigue (347, 1693)	s.m/f. Rotrou conserve le genre masculin de l'italien *intrigo*. 'La plupart font ce mot féminin' (Vaugelas, p. 126).
joint que (570)	Conjonction qui signifie *ajoutez que*, *outre que*. La construction n'est pas notée par Vaugelas [1647]. Elle était pourtant déjà vieillie à l'époque.
maistresse (461)	s.f. 'On le dit particulièrement d'une fille qu'on recherche en mariage' (F).
momon (763)	Voir la note du vers 763.
occident (811)	s.m. Au fig.,'déclin, catastrophe' (Dubois). 'Cet empire était dans son occident' (A).
pellerine (1124)	s.f. 'Personne qui part à la recherche d'une vérité' (R). Ce mot s'employait fréquemment au sens de *voyageur*. Richelet note pourtant qu'il a un sens satirique et offensant.
provident (1685)	Les trois dictionnaires du XVIIe siècle ne donnent que le substantif *providence*. 'Prévoyant, prudent' (Huguet).
recevoir (1431)	'Signifie accueillir' (A). Il est absent de Huguet et de Dubois.
secretaire (82)	s.m. 'Ce mot pour dire *confident* se dit en poésie seulement' (R).
sens (1766)	s.m. 'Signifie encore opinion, sentiment' (A).

sot (572)	s.m. 'Signifie quelquefois une espèce de cocu' (A).
souffler (540)	'Il a dépensé tout son bien à souffler' (A). Allusion aux pratiques des alchimistes qui laissent ce qu'ils ont d'argent s'en aller en fumée, en soufflant pour entretenir le feu sous leurs creusets (Tissier, p. 70, note 2).
souris (19)	s.m. 'Signifie la même chose que *sourire*' (A).
travail (1174)	s.m. 'Labeur, peine, fatigue du corps' (A).
travailler (638)	'Tourmenter, donner de la peine' (R).

TABLE DES MATIERES

Frontispice *Page de titre de l'édition Sommaville de 1647* II

INTRODUCTION

La pièce et son auteur V

La source italienne VI

Rotrou poète comique VIII

La Soeur et *La Sorella* XI

La conduite de l'action XII

Les personnages XIII

Les thèmes de *La Soeur* XV

Note sur le texte XVIII

Bibliographie XIX

LA SOEUR

ACTE PREMIER 5

ACTE II 25

ACTE III 45

ACTE IV 69

ACTE V 89

Notes 107

Glossaire 122

TEXTES LITTERAIRES

Titres déjà parus

I	Sedaine LA GAGEURE IMPREVUE éd R Niklaus
II	Rotrou HERCULE MOURANT éd D A Watts
II	Chantelouve LA TRAGEDIE DE FEU GASPARD DE COLLIGNY éd K C Cameron
IV	Th Corneille LA DEVINERESSE éd P J Yarrow
V	Pixérécourt COELINA éd N Perry
VI	Du Ryer THEMISTOCLE éd P E Chaplin
VII	Discret ALIZON éd J D Biard
VIII	J Moréas LES PREMIERES ARMES DU SYMBOLISME éd M Pakenham
IX	Charles d'Orléans CHOIX DE POESIES éd J H Fox
X	Th Banville RONDELS éd M R Sorrell
XI	LE MYSTERE DE SAINT CHRISTOFLE éd G A Runnalls
XII	Mercier LE DESERTEUR éd S Davies
XIII	Quinault LA COMEDIE SANS COMEDIE éd J D Biard
XIV	Hierosme d'Avost ESSAIS SUR LES SONETS DU DIVIN PETRARQUE éd K C Cameron et M V Constable
XV	Gougenot LA COMEDIE DES COMEDIENS éd D Shaw
XVI	MANTEL ET COR: DEUX LAIS DU XIIe SIECLE éd P E Bennett
XVII	Palissot de Montenoy LES PHILOSOPHES éd T J Barling
XVIII	Jacques de La Taille ALEXANDRE éd C N Smith
XIX	G de Scudery LA COMEDIE DES COMEDIENS éd J Crow
XX	N Horry RABELAIS RESSUSCITE éd N Goodley
XXI	N Lemercier PINTO éd N Perry
XXII	P Quillard LA FILLE AUX MAINS COUPEES et C Van Lerberghe LES FLAIREURS éd J Whistle
XXIII	Charles Dufresny AMUSEMENS SERIEUX ET COMIQUES éd John Dunkley
XXIV	F Chauveau VIGNETTES DES FABLES DE LA FONTAINE éd J D Biard
XXV	Th Corneille CAMMA éd D A Watts
XXVI	Boufflers ALINE REINE DE GOLCONDE éd S Davies
XXVII	Bounin LA SOLTANE éd M Heath
XXVIII	Hardy CORIOLAN éd T Allott
XXIX	Cérou L'AMANT AUTEUR ET VALET éd G Hall
XXX	P Larivey LES ESPRITS éd M J Freeman
XXXI	Mme de Villedieu LE PORTEFEUILLE éd J P Homand et M T Hipp
XXXII	PORTRAITS LITTERAIRES: Anatole France, CROQUIS FEMININS; Catulle Mendès, FIGURINES DES POETES; Adolphe Racot, PORTRAITS-CARTES éd M Pakenham
XXXIII	L Meigret TRAITE ... L'ESCRITURE FRANCOISE éd K C Cameron
XXXIV	A de La Salle LE RECONFORT DE MADAME DE FRESNE éd I Hill
XXXV	Jodelle CLEOPATRE CAPTIVE éd K M Hall
XXXVI	Quinault ASTRATE éd E J Campion
XXXVII	Dancourt LE CHEVALIER A LA MODE éd R H Crawshaw
XXXVIII	LE MYSTERE DE SAINTE VENICE éd G Runnalls
XXXIX	Crébillon *père* ELECTRE éd J Dunkley
XL	P Matthieu TABLETTES DE LA VIE ET DELA MORT éd C N Smith
XLI	Flaubert TROIS CONTES DE JEUNESSE éd T Unwin
XLII	LETTRE D'UN PATISSIER ANGLOIS... éd Stephen Mennell
XLIII	Héroët LA PARFAICTE AMYE éd C Hill
XLIV	Cyrano de Bergerac LA MORT D'AGRIPPINE éd C Gossip
XLV	CONTES REVOLUTIONNAIRES éd M Cook
XLVI	CONTRE RETZ: SEPT PAMPHLETS DU TEMPS DE LA FRONDE éd C Jones
XLVII	Du Ryer ESTHER éd E Campion et P Gethner
XLVIII	Samuel Chappuzeau LE CERCLE DES FEMMES ET L'ACADEMIE DES FEMMES éd J Crow
XLIX	G Nouveau PAGES COMPLEMENTAIRES éd M Pakenham
L	L'Abbé Desfontaines LA VOLTAIROMANIE éd M H Waddicor

Textes Littéraires

LI	Rotrou COSROES éd D A Watts
LII	A de La Chesnaye des Bois LETTRE A MME LA COMTESSE D... éd D J Adams
LIII	A Hardy PANTHEE éd P Ford
LIV	Le Prince de Ligne LES ENLEVEMENTS, OU, LA VIE DE CHATEAU EN 1785 éd B J Guy
LV	Molière LA JALOUSIE DU BARBOUILLE ET G DANDIN éd N A Peacock
LVI	La Péruse MEDEE éd J Coleman
LVII	Rotrou L'INNOCENTE INFIDELITE éd P Gethner
LVIII	C de Nostredame LES PERLES OU LES LARMES DE LA SAINCTE MAGDELEINE (1606) éd R J Corum
LIX	Montfleury LE MARY SANS FEMME éd E Forman
LX	Scarron LE JODELET OU LE MAITRE VALET éd W J Dickson
LXI	Poinsinet de Sivry TRAITE DU RIRE éd W Brooks
LXII	Pradon PHEDRE ET HIPPOLYTE éd O Classe
LXIII	Quinault STRATONICE éd E Dubois
LXIV	M J Chénier JEAN CALAS éd M Cook
LXV	E Jodelle EUGENE éd M Freeman
LXVI	C Toutain TRAGEDIE D'AGAMEMNON (1557) éd T Peach
LXVII	Boursault LES FABLES D'ESOPE ou ESOPE A LA VILLE (1690) éd T Allott
LXVIII	J Rivière et F Mauriac CORRESPONDANCE 1911-1925 éd J E Flower
LXIX	La Calprenède LA MORT DES ENFANS D'HERODE éd G P Snaith
LXX	P Adam(?) SYMBOLISTES ET DECADENTS éd M Pakenham
LXXI	T Corneille CIRCE éd J L Clarke
LXXII	P Loti VERS ISPAHAN éd K A Kelly et K C Cameron
LXXIII	A Hardy MARIAMNE éd A Howe
LXXIV	Cl Gilbert HISTOIRE DE CALEJAVA ou DE L'ISLE DES HOMMES RAISONNABLES éd M S Rivière
LXXV	Odoric de Pordenone LES MERVEILLES DE LA TERRE D'OUTREMER éd D A Trotter
LXXVI	B J Saurin BEVERLEI éd D Connon
LXXVII	Racine ALEXANDRE éd M N Hawcroft, V J Worth
LXXVIII	Mallarmé VILLIERS DE L'ISLE ADAM éd A Raitt
LXXIX	Rotrou VENCESLAS éd D A Watts
LXXX	Ducis OTHELLO éd C N Smith
LXXXI	La Péruse POESIES COMPLETES éd J A Coleman
LXXXII	Du Ryer DYNAMIS éd J Rohou
LXXXIII	Chamfort MUSTAPHA ET ZEANGIR éd S Davies
LXXXIV	Mme de Duras OURIKA éd R Little
LXXXV	L Bouilhet LE COEUR A DROITE éd T Unwin
LXXXVI	G de La Tessonerie L'ART DE REGNER éd P Chaplin